名师名校名校长书系
Great Teachers Elite Schools Celebrated Presidents

守护这一方净土

——卓越教师创新路

方静 主编

吉林人民出版社

图书在版编目（CIP）数据

守护这一方净土：卓越教师创新路 / 方静主编. ——
长春：吉林人民出版社，2018.12
　　ISBN 978-7-206-15777-6

　　Ⅰ．①守… Ⅱ．①方… Ⅲ．①中学—教学研究—文集
Ⅳ．①G630.2-53

　　中国版本图书馆CIP数据核字（2018）第263034号

守护这一方净土——卓越教师创新路

主　　编：方　静　　　　　封面设计：李　娜
责任编辑：郭雪飞　崔剑昆
吉林人民出版社出版发行（长春市人民大街7548号　　邮政编码：130022）
印　　刷：优彩嘉艺（北京）数字科技有限公司
开　　本：787mm×1092mm　　　1/16
印　　张：14　　　　　字　　数：252千字
标准书号：ISBN 978-7-206-15777-6
版　　次：2019年4月第1版　　　印　　次：2019年4月第1次印刷
定　　价：45.00元

编 委 会

第 一 章
教 学 研 究

第二章

教 育 的 事

第三章

备 考 策 略

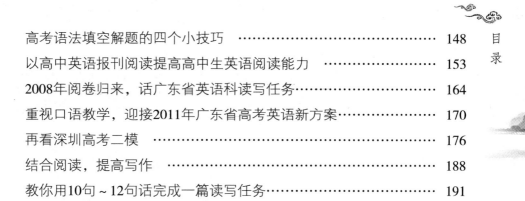

第四章
教 学 感 悟

第一章

教学研究

浅谈高三英语课堂语言的"多功能"

深圳市龙岗区龙城高级中学英语组　王婧

一、新闻听力与时事讨论

新闻是每日里人们接触最多的消息来源，作为可信度较高的语言文字，新闻本身就是语言学习极佳的载体。作为高三的语言教师，应该对时事新闻有着敏感的嗅觉。2011年的高三，我对新闻的使用是建立在报纸和网络的基础上，引例如下：

1. 日本地震

作为教师，在课堂上除了对学生进行知识的传授，也应对每一个学生在情感上有正确的引导。2011年是一个多事之年，全球多地频频出现灾难现象。为了提高青少年在全球意识上的关注和关爱，我将新闻报纸中关于福岛地震相关的情况印发给学生，使他们了解灾难现象和震后灾民状况及各国给予的帮助，引导他们对重大事件的正确价值观，并从听、说、读、写各个方面训练学生对事件评价的语言应用能力。

文章从以下几个方面摘选：

Nuclear crisis in Japan raises worries about radiation risks.

Quake, Tsunami may only add to economic struggles for Japan.

Japan's early warning system, one of the best in the world.

For Japan farmers, radiation fears mean economic pain.

Concern over food.

通过阅读、设问、评价总结、听力训练及相关的写作，高三学生在灾难这个话题下对这次世界性大事件不仅有了情感价值观的正确认识，而且在语言运用方面得到了提高。

2. 利比亚战争

战争与和平，是人类世界永恒的话题。在和平年代，战争更引人思考。在对一篇大背景West bombs Libya的文章阅读后，我有层次地提出了三个问题：当前利比亚的局势；西方军事力量参与的原因；我国政府的态度。伴随问题的提出，学生用英语思维思考文章层面下更有深度的答案。随之，从网络上筛选出两篇相关文章：

What next with the military campaign in Libya?

Libya rebels move on Gadhafi's hometown.

一方面，通过填词或听写训练学生对新闻听力的适应能力；另一方面，通过新闻题材对学生的情感态度和价值观进行正确的引导。

3. 百度文库侵权事件

韩寒等作家对百度文库的侵权声讨引发了社会的关注。阅读完Writers fight back这则新闻后，我挑出相关的延伸阅读：

Baidu search engine accused of infringing on copyrights.

通过这则时事，学生对知识产权这个在法治社会越来越重要的词条没有了距离。一个潜意识的话题——法律维权和自我权利意识在高三学子的脑海中留下了无论是词汇语言还是观念想法的痕迹。

通过以上三则新闻教学实例，教师不仅需要对时事有敏感的嗅觉，而且能够在课堂上恰当地引导和梳理学生正确的价值观、世界观。有了这个过程，语言教学的目的已经深入课堂了，这就是我希望达到的效果。

4. "小悦悦"事件

道德教育在中学教育中占有举足轻重的位置。2011年的一则新闻轰动了全社会：10月13日下午，广东佛山，两岁的小女孩悦悦被一辆面包车撞倒和碾压。两个路人先后路过，均对倒地的悦悦不理睬，接着悦悦被另一辆车再次碾压。之后5分钟，往来的十余个路人无一人伸出援手，直到一位拾荒的阿姨看到并救起悦悦。对于小悦悦的悲剧，我们需要追问。就此，关于"究竟是什么原因让那么多的过路人对躺在地上的小悦悦熟视无睹"，我在时评英语课上首先提出了以下问题：

（1）What happened to our social ethics?

（2）Who will help our senior citizens who may faint and fall on the street?

（3）What will you do when you see an old person falling to the ground?

随后，我展示出相关新闻的图片和文字如下：

Two-year-old girl Yue Yue was ignored and left to die by more than a dozen passers-by after being run over by two vans in Foshan, South China's Guangdong Province.One, two, three...**18 people simply walked by until a rag collector came to help the dying girl. The Chinese character for Yue means happiness. We just let "happiness" die.** It is more than a tragic traffic accident but an ominous sign of a collapsing social trust system. The accident also goes to the heart of many social problems like *laws to protect the good Samaritans and the common sense of first aid when someone is in mortal danger.* we will analyze the issues it has raised, look at the history of the problems and outline possible solutions to make sure something so tragic never happens again.

一个关于此事的网络调查也让学生感到震惊：

The survey, which asked mainlanders about trust, was conducted by the Renmin University of China.

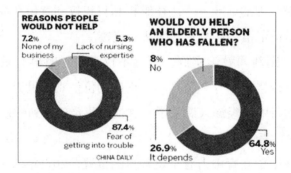

About 87 percent of the respondents to a recent survey said the reason they are unlikely to help an old person who has fallen in the street is that they want to avoid being blamed for the accident.

在这些文字和图片引起学生共鸣的同时，我再次抛出一个引人思考的问题：

What is your attitude towards helping others when **someone** needs help?

同学们的答案大致如下：

（1）If I had met such an elderly person , I would have reached out to help her without hesitation.

（2）To help or not shows a man's quality and conscience. Wherever you are, if you have a chance to offer your help, just do it! Remember, your contribution counts!

（3）Today's bystander might be tomorrow's victim. It is everyone's duty to uphold the moral standards which hold society together.

（4）So long as the government and civil society take action, there is still the chance to build trust and awaken true love.

（5）Say no to indifference and awaken true love!

当学生充分意识到社会道德感和责任感时，我以一个口号和一句谚语对本次时评课做了总结：

Say no to indifference and awaken true love!

Better save one life than build a seven-story pagoda!

二、朗读文章

新课改提倡培养学生语篇和语境的意识，强调微技能的重要性，因此，语感的培养尤为重要。虽然语感是一个抽象的概念，但是通过大量的阅读，特别是张口朗读，语言的感知力是能够得到渐进的提高的。

对于高三学生，朗读是其中一个重要的环节，无论是对写作、阅读此类传统题型，还是对于2011年广东省普通高考"英语听说"考试都有着基础层面的帮助。除了日常学生对教材的阅读，教师可从课外挑选优秀的文章以便于从质和量上扩大学生的阅读面。材料的选择多种多样，时效性较强的如China Daily或21st Century（Senior 3 Edition），学生可从最新的时事当中获得大量词汇和信息，并潜移默化地增强了学生的阅读兴趣；故事或散文性强的如心灵鸡汤的各种系列或部分文摘上的短小美文，等等。每日一篇，相信学生在阅读的过程当中，对语篇和语境的意识，以及语感都会有不同程度的提高，最终获得综合能力的提升。

三、复述故事

口语训练在英语教育中从来都占据非常重要的地位。广东省普通高考英语科考试自2011年起实施听说考试，占英语科总分（满分150分）的10%。听说考试囊括对考生（一）语言知识；（二）语言运用的考察，其中，含三个题型，分别是①模仿朗读；②角色扮演；③故事复述。基于此，分析学生的现状后，笔者在第三节复述故事方面做了教学尝试，发现高三的英语课堂也可以一改传统的教学方式，充满舞台的激扬和掌声的魅力。引例如下：

1. 演讲

演讲作为一种在公众场合发表言论的形式，其过程包含四个环节：Plan（计划）、Prepare（准备）、Practice（练习）和Present（演讲）。教师每周一次或两次挑选一到两个贴近学生生活和思考范围的题目作为topic（话题）供学生自主地练习并演讲。对于新时代张扬的高中学生，不仅增强了他们对生活中有意义的事物或话题的思考能力，而且激发了他们对英语表达及学习的动力，最重要的是树立了自我信心。

2. 复述

学生的课外阅读文章当中，不乏一些叙述性强或寓言型的故事美文。学生在阅读故事的过程中，还可以汲取道德上的营养。这一类文章正是高考听说考试第三部分故事复述的材料，教师只需选取长短难易都适合高三学生训练的文章即可。例如，"You're a wise woman, Mom" "So pleased to see Dad again" "A great lesson from her"等。

结束语

教育及其使命，对教师而言，任重而道远；英语教学，学无止境。在高三的语言教学中，不时会有新鲜的想法，我便将这些点滴付诸实践。在理论的指导下，在传统教学向新时代的传承和过渡中，我们不断思考并行动着，希望今天的一点进步会为学生和课堂做出更大的贡献，让语言教学跟着时代的潮流不断进步！

浅议创建完整课堂规则的六个标准

深圳市龙岗区龙城高级中学英语组　奉青松

创建完整的课堂规则（classroom rules）是防范学生不当行为的第一道防线，是维护良好课堂秩序的保障。好的课堂规则不应该是事后的补救或者从别的老师那里直接复制，课堂规则制定必须事前考虑周密，所制定的规则必须和学生实际紧密联系。为了有效地防范学生在课堂上出现不当行为，维护课堂秩序，课堂规则应当符合以下六个原则。

一、语言和内容要简单

简单的规则（simple rules）实施起来有效性更高，过于复杂的规则会让学生难以正确地理解，从而增加实施的难度，因而实施效率会比较低下。简单明了一方面是对语言的要求，一方面是对内容的要求。好的课堂管理规定语言是简单而又精练的。同时，在理想情况下，课堂规则在十条以内实施效率会更高，如果超过十条就显得烦琐了，很多班级事无巨细地罗列出好几页纸的课堂规则，实施起来效率就更低了。

二、界定要明确

有效规则没有灰色区域。每一条课堂规则都需要界定明确（definable），什么是可以做的、什么是不可以做的，都需要清楚地向学生传达。模棱两可的规则会引起争议和反感，会使执行的效果很差。

三、可执行性高

制定课堂规则的时候要避免无法执行的规则。例如，"尊重自己（respect yourself）"是一种很好的想法，但是太模糊，无法执行。此外，缺乏自尊不会扰乱课堂，不应该被视为不当行为。

四、涵盖面要广

课堂规则应该尽可能涵盖一切可能的课堂不当行为。当教师实施惩罚措施的时候，如果不能引用课堂规则条款，就不能使学生信服；教师要明确告知学生违背了哪一条规则，他们是否需要为此承担责任和承担什么样的责任。"全美最佳教师"罗恩·克拉克就制定了著名的五十六条班规，基本涵盖了学生行为习惯的方方面面。

五、重要性要突出

要不断强调规则的重要性，培养学生的规则意识。把课堂规则张贴在教室里显眼的地方，让学生随时都能看到；利用班会课向学生解读每一条课堂规则的含义，定期公布违反规则的现象和惩罚情况。课堂规则的存在会不断提醒每个学生学习的重要性以及违背课堂规则需要承担的后果，从而让他们形成良好的行为习惯。

六、只能是行为规则

课堂规则应该是对学生行为习惯（behavior rules）的约束，目的是维护良好的课堂秩序，保证每个学生充分享有学习的权利，这就要求和对学生学习期望（academic expectation）的规则分开。像"上课认真听讲"这样的规则就不属于保护学生学习和享受学习权利的规则。

以下便是我按照这六个原则制定出的课堂管理规定：

高一（2）班课堂管理规定

1. 按时到班，杜绝迟到。

Come to Class on Time.

2. 入班即静，入座即学。

Do Not Disturb Classmates Who Are Working.

3. 不乱丢垃圾，保持整洁。

Keep Classroom Clean.

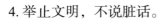
4. 举止文明，不说脏话。

Use Polite Speech and Body Language.

5. 拒绝作弊，诚实守信。

Don't Cheat.

6. 潜心学习，禁用手机。

Cell Phones Are Prohibited in Class.

7. 尊敬老师，不取笑同学，不和同学起冲突。

Laugh with Anyone, but Laugh at No One.

8. 不在课堂上吃东西。

Do Not Eat in Class.

9. 不窜座位，课中离开教室需请示老师。

Remain in Your Assigned Seat, Leave Seats When Permitted.

10. 不跷课，不无故缺席班级活动。

Never Skip Class and Class Activities.

陶行知说：教是为了不教；魏书生也说：管是为了不管。简单、易于遵循的课堂规则不仅保障良好的课堂秩序，保证教学顺利进行，而且有助于学生树立起规则意识，培养良好的行为习惯。希望这六条制定课堂规则的原则对大家的课堂管理有所帮助。

浅谈高中生英语课外阅读实践活动

深圳市龙岗区龙城高级中学英语组　　柯娜

《普通高中英语课程标准（实验）》对高中英语阅读教学提出了明确要求："在进一步发展学生基本语言运用能力的同时，着重提高学生用英语获取信息、处理信息、分析和解决问题的能力，逐步培养学生用英语进行思维和表达的能力。"这充分表明，学生英语学习的重点不是单一的词汇或者语法，而是要形成跨文化交际意识，了解交际中的文化内涵和背景，对异国文化熟悉并采取尊重和包容的态度。在课程标准对英语语言技能八级目标的规定中，强调读的部分应该：

（1）能理解阅读材料中不同的观点和态度；

（2）能识别不同文体的特征；

（3）能通过分析句子结构理解难句和长句；

（4）能在老师的帮助下分析浅显的文学作品；

（5）能根据学习任务的需要从电子读物中或者网络中获取信息并进行加工；

（6）除教材外，课外阅读量要累积到36万个单词以上。

目标明确了，我们就要探讨如何实施，才能使课外阅读有效有序地进行。我们以往的教学过于注重课本的主导作用，这主要是高考指挥棒和应试教育"绑架"的结果。然而，语言学科和其他高考的科目不一样的地方在于，它更加依赖的不是知识点的运用，而是人文情怀的培养和思辨能力的形成。语言学科更多的是人文学科，关注的是人类情怀。因此，情感对语言学习的作用往往很大，至少与认知同等重要。学生在英语学习过程中的学习幸福感往往决定了他们在这门课上的收获。高中生正处于青春发育的高峰期，生理上的显著变化、心理上的急剧发展、学习上的压力等给他们带来了很多问题，而能够真正做到快乐学习、轻松学习的学生很少。因此教师要善于挖掘学生身上的非智力因素，关注学生的情感态度，观察他们的参与热情。激发了学生的积极情绪，往往就能达到提升学生英语素养的可持续发展目标。

活动实践方案一：依据报纸，课外探讨，课堂呈现

我们一直在坚持做的方法之一就是每周阅读TEENS报纸，然后以报纸文章中涉及的主题为依据，拓展课外阅读话题。这份中学生英语报刊读物有其明显的优越性，那就是所选择文章话题广泛，内容层次多样化，时效性强，适合不同类型、不同学习水平、不同学习品质的学生使用。不仅文理科学生都可使用，成绩水平不一的学生也总能找到一个吸引他们的话题。我通常的做法是引导学生了解整份报纸的布局，它包括Our World板块时事评论性的文章（如党的十九大期间有Great mix of delegates from across China、Xi's words inspire youths，德国大选期间有 Popular Merkel stays in power），也包括与学生校园生活、学业深造有关的our campus板块（如指导想要出国学习的学生Get your application noticed with a well-written essay、Get ready if your college requires SAT Subject Tests，讨论校园生活 Is the uniform necessary in senior school? 讨论现在家长辅导学生作业心力交瘁到底是谁的责任，who should be to blame？）。有文科班学生的最爱，文学鉴赏类Family punishment（*Jane Eyre*）、Honest proposal of love（*Jane Eyre*）、Fighting to survive in terrible cold of winter（*The Call of the Wild*《野性的呼唤》）、Long wait for wedding（*Tales of Mystery and Imagination*（《爱伦·坡惊悚短篇集》，1908））、Taking a bullet for love（*The Great Gatsby*（《了不起的盖茨比》））。也有理科生的心头好，如SCIENCE STUDY板块的Blame genes for bad sleep；想积累写作素材的可以选择YOUR VOICE板块的句型，兴趣在课外的同学可以利用STAR STORIES板块将他们感兴趣的流行时尚、体坛新闻分享给同学们。

我每周都会在周末安排阅读任务，以寝室为单位，让他们利用周末时间以一个确定的话题（大家基本都感兴趣的）为主线，在文章本身和文章以外两方面做探讨。有学生负责文中主要意思的归纳、字词句的赏析、文章结构的剖析，也有学生负责文章读过之后的感想升华，以及作者背景的调查、本话题延伸信息的搜索。在课堂上学生可以用不同方式展示他们的探讨和研究结果，用不同的方式呈现，比如用放映PPT、短视频的方式，或者集体朗诵的方式，甚至于用角色表演等多种形式都可以。当然最常用的就是演示文稿加讲解的方式。当一组同学在展示他们收集来的资料时，大部分同学都会自觉地拿出笔记本进行摘抄，认真程度比对待课本还要好。这种以灵活的呈现方式来评价学生阅读效果的做法有时候会收到意想不到的效果。曾经有几个文科班的学生在阅读了关于The cartoon characters in Disney films之后做了一个迪士尼卡通形象的特点总结，列举了十几部经典的卡通片，归纳出了其中主要角色所具备的普遍特色，以及每个角色独有的一些特点。下面听演讲的同学找到了同感，同时也发现原来看动画片有这么大的学问，也激起了他们以后阅读这一类型文章的兴趣。还有一位同学是典型的文学爱好者，在阅读了一篇名为The female characters in English Literature的文章以后，他将自己读过的几部著作中鲜明的女性角色一一做了分析，最后形成了自己的见解。（同学们听得津津有味）还有尝试朗读《简·爱》中经典对白的，有讲解林徽因传奇一生的（全英文的），有讲解美国大选时期民主党和共和党局势的，以及介绍两个党派的不同特征，还有介绍新的运动形式跑酷运动的（寝室同学合力录制了短片，讲解这一运动）。所有这些同学的成果都是基于他们在课后阅读相关的资料，了解相关的信息才能达到的，所以报纸是一个激励学生阅读的很好的窗口。有时候我也会利用报纸上的文章将学生思想深度挖掘一下。比如，有一篇文章叫作Animals are sensitive to inequality，讲的是狗对于不平等的待遇会产生心理落差，因此我们应该善待身边的动物，由此我让同学们讨论了人类对待动物不友好的例子，探讨了我们与动物和谐相处的方法，同时上升到动物和人类一样是一种感情生物。最后自然而然引出了一部电影《忠犬八公》，而且在课堂上放映了此片之后，我布置了，写一个观后感的作业，同学们立意不同，从各个角度表达了对人性对感情的探讨。第二天，我就专门留了一节课让大家朗读自己的作品，交流情感，最后大家都达成了共识，忠诚和爱是人类永远追求的美德。这节课给同学们和我自己都留下了深刻印象。

活动实践方案二：课外指定读物（或影视资料）的赏析与反馈

如果说报纸阅读是广撒网，从阅读广度上提高学生的阅读兴趣的话，那么指定阅读书目或者篇章就是深度阅读，更能体现批判性阅读能力的提升。

Critical Reading是国外中学生必修的一种阅读能力。批判性思维又称思辨能力，集中体现在"布鲁姆-安德森认知能力模型分类"，即识记、理解、应用、分析、评价和创造。认知能力阶梯的高层级，即创造能力，可以视为批判性思维的最高表现。在第二语言教学中，由于学习者的语言水平深受传统教学目标的限制，阅读教学往往只停留于语言层面，只注重语言知识的字面意义，而很少触及语言背后的社会意识形态，很少深入批评性的阶段。

批判性阅读有三个好处：首先，可以更好地促进学习者理解作品传达的作者的写作目的；其次，可以根据已知事实和事件更好地进行推理；最后，学生能够自我评价阅读材料。（朱俊，《高中英语课外阅读现状的分析和指导》）最后一点很重要，读完一篇文章学生只有能说出自己是否喜欢这篇文章、什么原因，对材料有评价，才能够算是真正读懂了文章。这种能力训练过程分为几个阶段：预测，评注，概述，质疑，分析，评价。以我课堂实例为例，在上到Mark Twain那一单元的时候，课本节选的是《哈克贝利·芬历险记》的片段，讲述哈克和汤姆一起离家出走在海上遇见坏人的情景。我要求学生分角色朗读课文，利用已有文本预测故事发展的脉络。课堂上留下问题，如小说写作背景是什么、作者是什么人、小说主要人物性格怎样，利用课后时间搜集材料说明观点。下一堂课学生将搜集到的材料分享，然后我们再印证前一节课的预测是否正确，讨论人物性格是怎样的。更重要的是研究作者为何要写这部小说，为什么它能广为流传，小说暗示了什么，揭露了什么，等等。这些都是开放性的问题，但是却能锻炼学生的批判性思维。我提示学生们阅读双语报上面介绍的另外一本小说《汤姆·索亚历险记》与这本小说异同点的文章，有兴趣的同学仍然可以继续花时间找小说《汤姆·索亚历险记》来读，这样不仅有批判阅读能力，还有比较阅读能力了。

当然，这些工作只有在日积月累的功夫下才能显出成果，我们只能当浇水施肥的园丁，静待花开。

简议如何提高初中英语课堂教学实效性

深圳市龙岗区平安里学校　　朱思敏

　　课堂教学是落实素质教育的主渠道，提高课堂教学效果，使课堂教学由单纯的知识传授向多方位的智能开发转变，自然是英语素质教育的重点和发展方向。下面结合笔者多年来的英语教学实践，浅谈如何提高英语课堂教学的实效性，以期抛砖引玉。

一、课堂教学形式要多样，教学方法要灵活

　　教学是一门艺术，英语教学是科学与艺术的结合。所谓的教学艺术就是教师有意识地通过声音、图片、形象、表演和活动等一系列能使学生感受到美和体会到满足的教学手段去设计教学的全过程，去诱发学生学习英语的兴趣。教学是一门较复杂、难于把握的综合艺术。与其他形式的艺术相比，它注重于对艺术创造性这一本质特征的理解和把握。成功的教学需要教师采取有效的方法，最大限度地提高课堂教学艺术来激发学生的学习兴趣。单一的教学方法是乏味的，即使是一个好的方法，经常用也会失去它的魅力。可见，提高英语课堂教学艺术，是提高英语教学效果的重要环节。为了激发学生的积极性、保持学生的兴趣、巩固学生的热情，教师要认真钻研教材，根据不同的教学内容，设计不同的教学方法，努力实现教学活动的民主性，积极创设开放式教学氛围，尽量让学生多想、多听、多看、多讲，教师不包办代替。比如词汇教学，教师可以通过图片、实物、同义解释、情景等不同的形式来呈现，让学生理解词的意思。然后再通过句式、对话或是情景等不同的方式，引导学生进行操练，使学生掌握并学会使用。

　　我们还可以阶段式地运用一些新颖的活动和游戏，以激发学生学习英语的兴趣，当然，我们所设计的游戏应该为使用语言而服务，为学生用语言进

行交际而服务。而且活动要有目标，要具有实效性，对活动结果要及时反馈。

二、提高自身素质，调动学生学习的积极性

1. 更新观念，增强对合作学习的认识

新课程标准所提倡的是既要面向全体学生，又要承认和尊重学生的个体差异；既要改变学生学习的方式，又要调整评价的方式、手段和内容。有些教师还没有转变观念，在小组合作学习中没有运用新的教学方法或方式，没有体现探究性和合作性等新理念，小组合作学习知识只是走过场。因此，教师必须转变自己的教学方式，才能搞好小组合作学习。增强教师对合作学习的科学认识，必须防止教师对合作学习认识的简单化、片面化：对小组合作学习过程认识的片面化，认为小组合作就是小组讨论，只强调学生座位排法与讨论形式，而忽视了合作学习内容的选择、教师课前准备、科学分组、学生的独立思考和分工合作以及最终教师的全面评价等。

2. 选择合作的时机

课堂教学时间是有限的，因此教师在对课堂教学进行设计时，必须要考虑时间因素。在运用合作学习的教学策略时，更要考虑到时间因素，以免浪费宝贵的课堂教学时间。在确定合作学习时间时，要依据教学内容、合作任务的难易程度以及合作的形式。同样，对于何时开展合作学习，教师也要进行精心的设计，有利的时机不仅能够激发学生学习的兴趣，调动学生学习的积极性，更能够对合作学习的有效实施起到促进作用。

三、加强课程意识，提高初中英语课堂教学实效性

教师的课程观不能停留在"课程即教材"这一层面上，课程也是师生共同构建学习经验的过程。课程不再是由专家编制、教师执行的，物化的、静止的、僵化的文本形态，而是师生在教学中共同创制的、鲜活的、过程性的、发展着的活动形态。课程不是一种结果，而是一种过程，更是一种意识。正如著名课程专家斯腾豪斯所说，课程本质上是一种艺术，艺术的本质是一种探究。这就要求教师在教学过程中具有探究、创新的精神。课程是教师与学生共同建构的一个艺术品。而且，课程是开放的、民主的、科学的。

所谓开放，是指课程的开发要由全社会关心教育事业的人共同参与；课程要在实施过程中不断修改，不断趋向完善；课程的设计要为学生个性的发展留有一定的空间。所谓民主，就是课程决策、课程编制的过程应该是对话式的；课程实施的过程也应该是师生交互并生成意义的过程。所谓科学，是指课程是学生的课程，课程必须回归学生世界，适应不同学生的发展需要，使不同层次的学生都能获得成功感。

四、合理运用小组合作，增强有效的教学参与

新课程倡导"以人为本"，以学生的发展为本；倡导学生自主、合作、探究的学习方式。其中，合作学习是一种非常有效的学习方法，合作意识和合作精神也是社会的需求，所以，建立学生学习活动合作小组是我们当今英语教学的一种趋势，也充分体现了"以学生为中心"的新课标的理念。为了让每个学生都有机会参加到课堂中去，我们要巧设各种交际活动，既要考虑到小组合作的实效性，又要考虑到教学活动的趣味性。根据教学内容的不同，让不同层次的学生承担不同的角色，易于他们传递和接收信息，易于激励他们的参与意识，从而增加他们用英语进行交流和展示的机会与平等合作的意识，在有限的时间内达到最好的学习效率，最终调动不同层次学生英语学习的积极性。这样才能确保小组合作都落到实处，而不流于形式。因此，在课堂教学活动中，既要面向全体学生，又要承认和尊重学生的个体差异。使学生学会学习，主动参与课堂教学活动与主动发展，增强他们课堂主人翁意识，激发学生更大的学习兴趣和学习积极性，提高学生参与课堂教学活动的实效性。这样有效课堂就会作为一种理念，更是一种价值追求、一种教学实践模式。有效英语课堂教学会引起我们更多的思考、更多的关注，我们要踏踏实实地做好对"有效性课堂教学"的探索与思考，从学生实际出发，从素质教育的目标出发，合理运用新课程理论与原理，使我们的课堂教学建立在有效的基础上。

总之，要提高课堂教学的实效性，并非是一朝一夕的事，更不是一堂课就能解决的问题。它是一个过程，是一个需要我们英语教师不断探索和努力实践的过程。希望我们大家都能在平常的课堂教学中去探索、去研究，总结出更多的教学经验和方法。

 **参考文献**

［1］黄国文.语篇分析概要［M］.长沙：湖南教育出版社，1988.

［2］李中行，戚肖山，张惠.广告英语［M］.长沙：湖南教育出版社，1986.

［3］刘海平，王守仁.国际商务英语教程2［M］.南京：南京大学出版社，2000.

论多媒体在课堂应用中的局限性

深圳市龙岗区龙城高级中学英语组　杨春燕

在现代高中教学中，多媒体的应用极大地丰富了课堂，提高了教学效率。Powerpoint（简称为PPT）仿佛是专为广大教师而存在的。PPT课件中多彩的图片、悠扬的歌声、有趣的音效等都给课堂增添了一份灵动。

但是，正如英语谚语所言："Every coin has two sides"，事物都是一分为二的。在众多优点光环的背后，课件在课堂的应用过程中也存在着不足之处。课件的华而不实、繁而不简，或是字体、图片设置得不合理等，都影响着课堂的实效性。

一、课件华而不实

多媒体与互联网的结合，为教师打开了一扇门，通往一个更为广袤的信息世界。在网上能够查找到的教学资料不再贫乏，甚至能够称得上是泛滥。在信息爆炸的时代，网络上的课件资源亦非常丰富。但是，很多课件制作得非常华丽，琳琅满目的图片、不同的幻灯版式设计、各种各样的自定义动画、无穷无尽的幻灯切换、音效齐全，而实质的内容却只有寥寥几笔。这样的课件在课堂中应用时，能够吸引学生的注意力，但是注意力的集中点偏斜了，于是教学内容不能够很好地传递，课堂的实效性不高。

二、课件繁而不简

高中的课堂时间通常为45分钟，有的是40分钟，如果一个课件的幻灯片张数有三四十张，展示一张幻灯片大概就一分钟，一节课的内容几乎就是幻灯片的展示，没有时间独立思考，亦不能小组合作学习，或是下笔练习。这样单一的教学活动，影响了课堂的实效性。

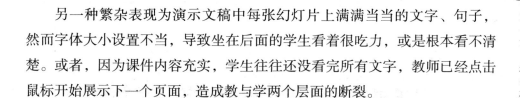

另一种繁杂表现为演示文稿中每张幻灯片上满满当当的文字、句子，然而字体大小设置不当，导致坐在后面的学生看着很吃力，或是根本看不清楚。或者，因为课件内容充实，学生往往还没看完所有文字，教师已经点击鼠标开始展示下一个页面，造成教与学两个层面的断裂。

三、课件背景影响视觉

曾经看见很多的课件，在应用背景的时候，并非以受教者为本，而是根据制作者的个人偏好选择色调图片。如选用深蓝的基调，上面的字体应用了浅蓝或与之相近的颜色，使课件显得不明朗，让学生产生视觉疲劳，潜意识中抗拒着版面上呈现的知识。甚至是前面的学生能看见，后面的学生基本分辨不清，于是处于非常被动的学习状态之中。课堂教学的有效性因此大打折扣。

四、课件替代板书

课件的信息容量是巨大的，其应用似乎让课堂板书失去了存在的意义。因为教师们在准备课件时，已把教学内容制作进了一张张幻灯片之中，轻点鼠标与用笔在黑板上书写，两者的速度及效率无须比较，已分高下。于是，课件应用完全替代课堂板书的现象不可避免地产生了。但是，课堂是老师和学生思维的碰撞，是灵感瞬间喷发的场所，这些都是已经生成的课件所无法表现的。因此，适当的板书是必要的，是不可被课件替代的。

在科技日益发展的今天，应用课件几乎是每位教师上课必用的教学方式，多媒体强大的功能使教学变得更加生动，对于英语学习中的视听说课程尤显得锦上添花。但是教师在备课过程中，要正视课件使用过程中的各种局限性，扬长避短，综合使用各种教学手段，最大化地提高课堂效率。

追求高中英语教学有效性的几点策略

深圳市龙岗区龙城高级中学英语组　方静

2004年秋季开始实施的高中新课程改革，历经三个多春秋，顺利完成了首轮实验任务。这次课改并非是对现行课程的简单调整和修正，而是与素质教育相对立的应试教育课程的一次重建，是一种文化重建，它将培植一种有时代气息、体现时代精神、与时俱进的民主、开放、科学的新文化。从我们教师的角度看，过去熟悉的教学要求和教学内容改变了，传统的教学模式被打破了，衡量教学效果的评价方式也发生了变化。最重要的是，我们的学生身心各方面发生了巨大的变化，深深烙印上这个时代的特点。这就需要我们尽快转变教学观念，掌握新的教学内容和方法，使我们的课堂做到真正的有效、高效。

笔者作为目前任教一所区属国家级示范普通高中的英语老师，在日常的教学工作中，自创和向同事们学到了一些颇有新意的好点子、好方法，借此和同行们交流、学习。

一、突破常规阅读模式

相信每个英语老师都有聆听各类公开课、示范课、竞赛课的经历，我们不难发现其中有相当一部分课是阅读课。多数参赛的老师遵循的都是传统的阅读模式：before reading—carefully reading by doing some exercises, such as asking and answering / true or false—after reading by discussing or retelling the passage。课堂的各个环节几乎都是精心设计好的，老师的任务仅仅是点点鼠标、放放幻灯。学生似乎对诸如此类的课堂模式早已习惯和麻木，只是机械地按照教学步骤完成一个个任务，课堂无任何生气而言。那么，我们完全可以闪动智慧的火花，突破传统的模式，使我们的课堂活跃起来，将我们的课堂回归学生。

1. 角色互换

传统的英语阅读课上，老师会先让学生快速阅读2分钟~3分钟，找到文章的main idea或key sentences，然后安排学生阅读第二遍，通过事先设计的一些问题来检查学生学习的效果，这是典型的老师提问—学生回答的模式。其实，我们不妨来个角色交换。让学生来设计问题，让学生自己来回答。这样，一个小小的交换，学生的主体性马上得到了体现和突出。课堂立刻回到了他们的手中。学生们为了能设计出好的问题，必然会投入到文章中去，不知不觉中，文本信息学生都掌握了。同时也锻炼了他们的口语表达能力和用英语思维的能力。正所谓，1000个人读莎士比亚，会体会到1000个不同的哈姆雷特。每个学生读完文本，能得到从不同角度思考的提问，有时课堂上真是精彩连连、掌声不断、创意无限。同样的提问和回答，交换一下角色，却发生了巨大的变化，提升了课堂的有效性。

比如笔者在教新人教版Book（1）Unit5 A Modern Hero一课时，学生们设计了许多好的问题，如：What kind of person are you? / Do you have the qualities to be a great man? / Would you like to be a great man or a famous man? / If you were Elias, would you help Mandela to blow up the government buildings? Why? / Do you think that those who are working in the government buildings are supposed to die?...学生们在设计和回答的过程中对文章做了非常透彻的了解和分析。

2. 类比阅读

由于本人目前执教的是本校的实验组，学校上下各级领导和老师，以及学生的家长对这届学生充满了期待。执教该组的老师也都感觉自身的责任重大。同时，我们也得到了学校的大力支持。比如，我们英语组就配备了好几套高中英语教材。有外研社的、北师大的、上海牛津的。这样大大补充了我们的教学资源。在执教Uint3 Book1——Travel时，本人觉得"The journey down the Mekong River"一课内容并非生动有趣，且全文被切割为6个板块，分散在阅读、语言使用、听力、课后练习等多个环节，教起来非常棘手。故，笔者找出上海牛津版的一篇类似话题的文章"Climb the Sydney Harbor Bridge"，将两篇风格相似的旅游游记放在同一节课上，上了一节比较阅读课。课堂上，要求学生分别找出两篇文章中能体现主人公性格特点的句子，再用自己的话语总结、归纳。学生们在课堂上将两篇文章反复地读了好几遍，找出了若干句体现人物性格的典型好句子。同时他们用了许多优美的词汇来形容这两个人物的性格，如romantic / self centered / adventurous / full of passion 等。最后，本人设计了一个discussion：Plan your own traveling schedule，同时给学生提供6个destinations选择。这节课下来，没有看到已经引起审美疲劳的fast reading、careful reading 和answer my questions，学生在45分钟内读懂了两篇文章，分析了主人公的性格特征，还设计了自己心仪的旅游方案。这一切，都是学生自己进行探索、发现、设计的。老师仅仅是组织，在一旁帮助，充分体现了新课程推崇的自主学习和课堂活动的有效性。

二、词汇和写作相结合

新课程改革的一个重大变化就是词汇量的陡然增加，从过去的2000到如今的3 500。许多学生认为高中英语学习最大的障碍就是难以突破词汇。为此，本人也做了一些尝试。首先，建议学生们准备一个词语归类本，将之命名为"Word Bank"。每个Unit结束后，我和学生一起将该单元的词汇归类。比如，Book（1）Unit 1中，学生学到了许多描写人物性格特点的词汇：confident / generous / responsible。学生们将之收集在一页纸上，留下空白以待补充。到了第三单元，将stubborn / determined / make up one's mind等添加进去，到了第五单元，将mean / devoted / reliable等添加进去。这样日积月累，书本上的词汇就按照各个话题进行了归纳汇总。老师要做的是按时安排学生记忆某个话题的词汇。学生通过反复的记忆和老师的鼓励，觉得单词不再那么杂乱无章了，单词与单词之间也不会那么毫无联系了。他们学会了知识迁移，学会了联想记忆，学会了分类记忆；他们在写作中能从最简单的"good、happy、very angry"到熟练地运用模块中的高级词汇和短语，使自己的文章不再让读者觉得满纸baby language。下面是部分学生写的句子：

——The British had ruled America for over 300 years, so the English play an important role in USA and becomes its only official language.

——You meet the local people, get familiar with their custom, enjoy their foods and can have a feast of exotic events.

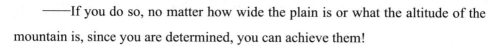

——If you do so, no matter how wide the plain is or what the altitude of the mountain is, since you are determined, you can achieve them!

——They are always active and never lose heart.

几乎每个句子中都能发现模块中新词汇的影子。新课程的要求就是让学生在运用中体会，在体会中自主学习。在写作中，词汇分类学习能帮助学生最大效度地把语言输入转化为语言输出，提高学生记单词的效率和语言的生成能力。

三、丰富多彩的作业布置

完成作业是教学环节不可省略的必需步骤，它是检测学生学的效果和老师教的效果的最简单易行的办法之一。但是，一般情况下，英语科的作业布置无非是写作文、背句子、记单词，或者是一套完整的套题发下去。其实，在高一高二的课堂内外，老师们完全可以开动脑筋，想想能够吸引学生和达到作业高效化的好创意。

1. daily report

许多英语老师都喜欢在每节课开始的时候，花上5分钟左右的时间安排学生进行daily report。多半是学生自觉按照学号每天"轮流坐庄"。此举最大的一个弊端是每次仅仅锻炼了一名学生，其余皆是看客。本人想到了一个方法：将每个学生的学号写在一张硬纸片上，装在一个废旧的糖果罐中，每天上课时随手抽出当日的"lucky dog"。此举一出，学生们兴奋不已，大家觉得每天最刺激、最"惊心动魄"的就是英语课上的5分钟了。有的失望、有的紧张、有的兴奋、有的开心。这样，不需要老师去说明daily report的重要性，每个学生都会提早准备好。

除了利用name card刺激和鼓励学生开口说英语之外，本人在daily report的内容上也动了脑筋，不仅仅是学生随意地拿篇文章读一读就了事。一般来说，daily report都会紧紧围绕最近发生的校园内外的典型事件和课本内的话题。如刚刚升入高一，第一周的话题就是"My first week in Long Cheng High School""How to make friends with my new schoolmates?"军训归来后的话题是"My military training"。学到第五单元了，话题也随之变为"Introduce a great person to you"。"神七"登月后，学生们自己创作的daily report话题是"Our Dream Come True"。这样, daily report的有效性大大提高了, 而不是流于形式, 走走过场。

2. 增加阅读、视听作业

听说能力、阅读能力是学习语言必须具备的基本能力, 然而我们的学生过度地注重机械记忆和盲目做题, 希望借大量做题来提高考试的分数。殊不知, 语言有其特殊的学习规律, 凡事不可脱离事物的发展本质, 更不可急功近利、拔苗助长。为了使学生从误区中走出来, 本人设计了多种作业的形式。一是每天泛读一篇文章, 下一次课一开始做完daily report之后, 马上就前一日阅读的文章进行一个 "Find the best choice"。每篇文章仅设计一个题目, 有mail idea、the best title、true or false、infer、conclusion等。二是每周周末看一部英文电影, 由班级QQ群管理员负责将之挂在班级共享空间。开学至今, 学生已经欣赏了《High School Musical》《Transformer》《Mama Mia!》《Kongfu Panda》等多部英文原版、带有中英双字幕的原汁原味的电影。每看过一部电影, 会专门拿出一到两天的daily report, 让学生们自由谈论本周的电影, 话题有: 故事梗概、难忘的情节、学会的句子和单词等。学生们兴趣很高, 到了周五就问老师这周又给他们下载了什么, 也会有学生很热情地向老师们推荐自己看过的好电影。作业形式的多样化并不影响知识的复习和巩固, 如此这般, 整个班级甚至年级学英语的气氛变得更加浓厚和鲜活。课堂内外, 师生之间每一项活动的展开都是围绕着学生英语语言能力的培养和提升, 围绕着课堂内外的有效学习, 处处闪烁着智慧和创意的火花。学生们为此取了个十分贴切的口号: "Project 211", 2: 一天记2个单词; 1: 一天读一篇文章; 1: 一周看一部电影。

结束语

俗话说, 教无定法。新课程的开展, 其实就是给老师们提供了一个更广阔、更自由的创意平台。本文是笔者在教授新课程起步阶段教学实践的经验总结, 希望起到抛砖引玉的作用, 让所有的英语老师一起来努力, 真正实现英语课堂内外的有效性, 还课堂于学生, 传能力于学生。

关于情感教育在高中英语教学中的应用分析

深圳市龙岗区龙城高级中学英语组　罗霞

情感对人的认知有很大的影响作用，同时一个人的认知又决定着人的情感。在教学过程中，不管是教师，还是学生，都带有一定的情感。在高中英语教学中，不但很多学生感到学习英语很吃力，一部分教师也认为高中英语教学需要花费更多的精力。英语学习是一种针对语言进行的学习，在英语学习过程中，教师应该注重对学生情感的教育，增加教师和学生之间的情感交流。对于语言学习来说，情感教育和知识的学习有着同等重要的地位。大家都知道，高中学生正处于向成年转化的特殊时期，也是人生观初步形成的重要时期。因此，在高中英语教学中，教师不仅要关注学生对语言知识和语言技能的掌握，重视学生综合运用语言能力的发展，同时也要重视学生的情感因素。那么，怎样才能使积极的情感因素在英语教学过程中发挥积极的作用呢？

一、教师要通过言传身教对学生进行情感教育，为学生树立好的榜样

教师每天都和学生接触，在一天当中和学生接触得最多。教师的一言一行直接影响着学生。因此，教师不管是在教学过程当中，还是平时和学生的接触过程当中，都要时刻注意自己的言行和穿着打扮，对自己严格要求，从细微处入手，不放过每一个细节。例如，教师要注意举止大方，衣着整洁，对工作认真负责，向学生展示积极向上的人生价值观等。这样有助于学生养成良好的学习和生活习惯，帮学生形成正确的人生观、价值观以及正确的审美观。

在课堂教学中，教师还要做到讲课用心、解答问题耐心。教师要用心

上好每一节课，不管是哪一章节的知识都细心地给学生进行讲解。当学生们提出自己的疑问时，及时向学生解答。不管学生有什么样的问题，有多少问题，都要做到有耐心，始终如一地对待每一位学生，保持工作热情。通过教师的感染，学生会受到好的启示，向教师学习，形成自己的良好品质。只有教师先树立好榜样，用自己的一言一行去影响学生，学生才会自觉地按照教师和学校的要求去做。教师要用心关心和爱护每一位学生，促进每一位学生身心的健康发展。

二、激发学生的学习兴趣，强化学习动机

孔子曰："知之者不如好之者，好之者不如乐知者。"有了浓厚的兴趣，学生就有了良好的学习动机和原动力。没了兴趣，学习就会如无源之水、无本之木。一名优秀的英语教师应该能够善于激发学生的兴趣，唤起学生的学习情感。首先，教师要努力创造轻松愉悦的课堂气氛。心理学研究表明，轻松愉快的课堂气氛能使学生以愉快的心境学习、思考并获得知识，有利于培养学生的学习兴趣，促使学生去获取最大限度的语言信息量。因此，教师应高度重视营造轻松愉快的课堂氛围。教师应重视自己的"情感投资"，态度应该亲切热情，内心细致，使学生对其所教的英语具有好感。和蔼的语气、可亲的面容、鼓励的话语，甚至一次微笑、一个手势，都能使学生感到教师对自己的关心、理解、尊重，从而增强学习兴趣。其次，教师要善于创造教学情景，进行情景教学。教师应能够利用直观的教学手段，创设各种情景。比如，可以利用实物、图片、简笔画等进行单词、词组教学；利用录音、录像、投影片等电教化手段，提高学生的听力、口语表达能力。作为教师，应不断地为学生创造成功的机会，使他们不断尝到成功的喜悦。对学生的回答应以肯定和鼓励为主，对于学习上有困难的学生要及时帮助他们克服困难，使他们充满信心地学下去。学生有了成功感，就会产生"我能行，我能学好英语"的感觉，就会激发他们更大的学习兴趣，进一步增强学习的主动性。

三、建立融洽和谐的师生关系

英语教学活动是教师与学生共同进行的一种双边活动，它既是认知过

程，也是情感过程。

良好的师生关系是师生共同满足教学需要、协同教学活动、实现教学目标的基本保障，是形成无拘无束的课堂氛围、激发学生高昂的学习情绪和积极的情感态度的直接因素。因此，教师与学生之间必须建立一种和谐的情感型的师生关系。师生之间坦诚、无拘无束的交往有利于调动学生的积极性。这就要求教师要转变自己的角色，要从传统的知识传授者转为学习的干预者和指导者，要放下自己高高在上的架子，以平等的身份与学生交流，彼此坦诚相待，充分尊重学生，善于倾听学生的意见，从多方面关心学生，从而了解学生的思想和情感。教师要把微笑带进课堂，带进学生的生活中，用微笑温暖每一个学生，使他们怀着愉快和向往的心情参加各种学习活动，从而使学生产生亲切感和信任感，继而产生良好的学习效果。在课后，教师也应当与学生多交流谈心，这样在情感上就更能接近学生，从而在师生之间产生一种亲和力，使"教与学"的过程变成情感与心灵交流的过程。这会大大增加学生对老师的信任和尊重，而且会使学生把对老师的爱迁移到老师所教授的学科上来。

总之，情感因素是影响学生英语学习最重要的因素。在教学活动中，英语教师应充分调动学生的这一非智力因素，激发学生的情感，与学生进行情感沟通，引导并帮助学生发展积极健康的情感，使他们在学习过程中不断增强语言的综合运用能力。要为学生终身的英语学习和发展以及健全人格的形成奠定坚实的基础，进而真正地全面推进素质教育。

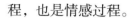 **参考文献**

［1］邢有红，达海清.浅析高中英语教学［J］.现代教学科学，2013（9）：65-66.

［2］高金萍，李应国.高中英语教学反思［J］.新教育时代，2014（2）.

中美两国教育比较的新视角——小班化教育

深圳市龙岗区龙城高级中学英语组　方静

2012年10月22日至11月26日，我有幸参加了深圳市第21批赴美海培班暨校长考察班。我们一行22人，在美国罗得岛州的布朗大学进行了为期一个月的访问学习。在美国的30多天里，我们在布朗大学的教育系聆听了专家们精彩的讲座；走访了10余所初高中、职校，与多位校长交流；拜访了哈佛、西点、普林斯顿等世界著名高校，可谓收获颇丰。

深入校园、走进教室、面对师生，让我们能够更直观地了解美国的基础教育，掌握一线资料。一路走来，一路反思，美国先进的科学技术、多元包容的文化、开放自由的理念等各方面都给我留下了深刻的印象。其中，最让我有所感悟的是美国各类学校的小班化教学，它能够让老师更加关注每个学生个体的发展和需求，更有利于实现教育公平、培养精英、保护和发现优才和奇才。

小班化教育，英文为Class Size Reduction，简称CSR，顾名思义，是指减少班级人数，缩小班级规模，降低师生比例，以有利于教师教学质量和学生学业成就的提高。它是当今美国所实施的最热门、最有争议的一项教育改革措施，被称为"教学领域的一场革命"。美国的小班化教育对我的启示如下。

一、小班化教学有利于学生的个性发展

我们先后走访了10余所初高中和职校，有公立、私立、男校、特许学校。虽然办学方式不同，但是有一个共同的特点，即班级规模很小，每个班平均不会超过12名学生。

通过深入教室，走入课堂，掌握了很多第一手的资料后，我明显地感悟

到：在小班教学中，教育者既能充分地以自己的人格、个性影响每个学生，又能充分考虑到每个学生的兴趣、爱好、特长，给个性差异的学生提供更多的选择和实现自我价值的机会，使其个性得到最充分的发展。创设生动的学习机会具体表现在：

（1）尊重个体发展自由。

（2）创设生动的学习机会。

（3）加强了情意的熏陶。

二、小班化教育有利于学生的全员发展

小班化教学由于班额的减少，每一个学生都成了教师关注的对象，都能均衡地得到教师的关怀和辅导，教师能够深入地了解每一个学生，剖析学生的长处和不足，在工作中扬长避短，并把有针对性的指导及时给予最需要指导的学生。在教学上，每堂课不再是整齐划一的教学目标，教师的教案设计呈现出层次化甚至个案化，以使不同水平、不同发展倾向的学生都能受到恰当的教育，从而实现真正意义上的因材施教。

三、小班化教育是变革课堂教学形式的好举措

小班化教学改变了传统教学模式单一的状况，改善了教学中的人际关系，从而可以创建师生之间、生生之间相互交往、相互影响的生动活泼的活动教学、情景陶冶教学、游戏学习教学等新型教学模式。教师将每一个学生都当作一个有独立人格、无限潜能的人，以学生的发展为本，尊重、关心、理解、信任每个学生，相信他们都有追求成功的心理倾向。在此基础上，教师努力营造生动活泼的教学气氛。在设计教学活动中，顺应学生好奇的天性，不断求新求变，让学习多姿多彩，使课堂洋溢欢乐气氛。分组教学是小班教学的主要组织形式。在合作中竞争是小班始终倡导的，它促进了组员间的团结协作、相互激励、默契配合。

四、小班化教育中的师资数量与质量问题

在这里，会涉及两个问题，一个是小班化与教师数量问题，一个是小班化与教师质量问题。如何才能保证小班化教育中师资的数量与质量呢？显

然，这是一个在中美两国都极为关注却又难以迅速解决的问题。班级规模的缩小，意味着需要增加教室数量，也意味着需要充分的教师供应。充分的教师供应，是实现小班化教育效果的关键条件之一。当前在美国推行小班化教育的各州，大多数面临着师资问题。美国预计在近些年还要招聘万名教师，但一些贫困市区和农村学区面临着招聘新师资和保留原有合格师资的双重难题。在我国，由于小班化教育实施或试验的范围还不很广泛，因此在师资数量上似乎并没有太大的压力。但同样，在偏远的贫困地区小班中师资仍是缺乏的，这也是长期以来一直得不到解决的难题。从美国推行小班化教育的情况来看，尽管在我们学习的罗得岛州计划中，所有参与的教师都是取得州认证资格并胜任教学的，但就推行小班化教育的各州的普遍师资水平来说，有一部分显然是难以真正胜任这项教学改革任务。对此，美国大多数州以不同方式花费大量资金来促进这些教师的发展，加强教师职业培训，以提高他们的能力和素质。例如，罗得岛州为推行小班化教育，就雇用了成千名经验不丰富、缺乏专业准备和没有证书或仅有临时证书的教师。但只有合格教师教小班时，学生才会得到更多样的发展。因此，加州在立法中规定，行政区必须运用现有基金为教师提供专业发展机会。这种发展主要是在特定的小班中进行，其中不仅仅包括发展这些不合格教师，使之能具备学科知识、教学知识和有效教学的教学技能，还包括发展那些具有丰富经验的教师，因为公众和政府对小班化教育寄予很高的期望，而这些经验丰富的教师也需要在新的探索中获得更多的知识、技能（如新的评价方式、更严格的绩效措施等）来满足这种期望。事实上，在美国实施小班化教育中，"成功的学校往往把CSR与教师发展、教学提高以及对个人和资源的生产性使用结合起来"。

在深圳，很多学校试行或实行小班化教育。相关教育者们也普遍认识到在小班化教育过程中教师质量的关键性，并有学者做了初步的探讨。的确，如果在小班化教育的旗帜下，还拿过去的教育理念、教学形式、教学方法和教学要求等去培养学生，显然有悖于小班教学的基本目标和原则。这样不仅没有效果，也会造成人力、物力和财力的浪费。因此，转变小班教师的教育教学观念，加强其对小班化教育的认识和理解，是首要的也是关键的一步。同时，加强小班教师持续的职业发展培训也是我国开展小班化教育中应高度重视的问题，这样才有望获得长期的、整体的和有效的教学效果。以笔者所在的深圳市龙岗区龙城高中为例，2010年的高三年级首次试点，成立3（Ａ）和3（甲）两个理科实验班，每班不超过35人。在2011年的高考中，两个班的重点大学录取率均超过95％，一些优秀学生被浙江大学、中国科技大学等名牌大学录取。

五、小班化教育与教育公平的问题

这是一个日渐引起美国教育学者思考的问题。在美国实施小班化教育改革的许多州中，几乎都要面临设施与师资匮乏的问题。因此，作为学校、城区乃至州政府，为了保证小班化教育的正常实施，不得不在资金、人力和设施上向这方面倾斜。特别是州政府，在联邦政府所拨予的鼓励开展小班化教育的款项不足以满足本州小班化教育发展需要的时候，就必须重新调配本州的资金，以便为小班化教育创造更多的教室、招聘更多的教师，并培训教师的发展。这样一来，本该拨予其他年级和学生以及其他发展计划中的一部分资金就转移走了，使本应得到资助的那些学生和计划受到某种程度的不公平对待。不仅如此，合格和优秀的师资也往往优先被安排在小班中进行教学。特别是为了改革的需要，甚至会把其他非小班班级中的优秀教师抽调到小班中来。仍以笔者所在的学校为例，2010年的高三3（Ａ）和3（甲）两个理科实验班集中了全年级乃至全校的优秀教师，任教此两个班级的教师中有两位教研组长、一位市优秀班主任、三位市中青年骨干教师。很明显，这打破了全年级教师分配的公平性，"侵犯"了其他班级学生的权利，对这些学生而言，是有失教育公平的。同时，在接受小班化教育和没有接受小班化教育的学生之间，教育公平问题似乎更为突出。小班中的学生不仅享受充分的教室空间、相对先进的设施、合格的师资，同时享有由这一切所带来的身心自由、能动与积极的发展。小班中的学生是在政府以及公众热切关注、积极行动和持续鼓励的氛围中进行学习和发展的，相对于非小班生来说，小班生获得了"额外的"发展。因此，对非小班生来说，这样的教育是欠公平的。这也是美国家长们普遍认识到子女处于小班中可获得教师更多关注和辅导，并获得更多发展机会而积极支持子女进入小班的主要原因。而为了实施小班化教育，在美国加州一些较大学区出现的"公交学生"和一些较小学区出现的高低年级混合小班的状况，也在某种程度上侵害了这些学生接受常规班教育或正常小班教育的权利，因而显得缺乏教育的合理性和公平性。这些问题该如何解决呢？似乎还没有令人满意的答案。我们在这方面的关注似乎更少一些，但不等于不存在这样的问题，而且这也是我们在今后推行小班化教育过程中有待研究的一个问题。

参考文献

［1］陈月茹.美国小班化教学研究述论［J］.山东师范大学学报（人文社会版），2002（2）.

［2］欧阳美梅.中美两国小班化教育改革之比较［J］.四川教育学院学报，2003（7）.

［3］乐毅.经验与反思：美国小班计划的回顾、进展及其评价［J］.课程与教学，2004（1）.

［4］张弛.美国大学与学院的生师比和班级规模［J］.教育发展研究，2002（1）.

［5］王铁群.小班化教育是基础教育改革的发展趋势［J］.教育探索，2002（5）.

［6］卢海弘.班级规模变小，学生成绩更好？——美国对缩小班级规模与学生成绩之关系的理论与实验研究述评［J］.比较教育研究，2001（10）.

高中英语报刊阅读教学的研究

Study of English Newspaper-reading Teaching in Senior Middle School

深圳市龙岗区龙城高级中学英语组　方静

Reading is a receptive language process and is often the chief goal of learners in countries where English is taught as a foreign language. It is the purpose and also the most important means of language learning. Reading teaching is considered to be one of the most important teaching processes in senior middle school English teaching. Most of the teachers have gained lots of experience on how to teach textbooks. But we should say that it is not enough only to depend on the students' textbooks, which cannot meet the need of the development of the language. Its reading materials are not fresh enough without a great reading amount, which limits the students' reading ability indeed.

So material selection has long been one of the most controversial problems in reading teaching. Although an agreement on this problem is hard to reach, one point has so far been commonly accepted that reading materials should provide readers with sufficient new and useful information relevant to their reading goals. Currently available reading textbooks are undoubtedly well designed to present all kinds of authentic materials, yet some disadvantages still exist. So, many teachers have brought English newspapers into their English-teaching classroom. English-newspapers have many good aspects, such as interesting stories, vivid words and expressions and so on. Students can broaden their vocabulary, enrich their reading experience, stimulate their reading interest by enjoying reading English newspapers.

1. The disadvantages of the textbooks

As is well known, students read for different purposes, but they share one common goal, that is to improve some useful reading skills and grasp some information. Most of their information can be got through their textbooks. But with the development of English reading, students' textbooks have become a limit. So it is necessary to discuss and analyze the problems generally by the use of currently available extensive reading materials, especially English newspapers.

With so many extensive reading textbooks currently available, why do we still lavishly talk about the selection of materials taken from the popular English magazines or newspapers? The one hypothesis I would like to put forward is that the lack of learner authenticity resulted from out of datedness of information is responsible for students' inappropriate response to the currently available extensive reading textbooks.

The disadvantages of the students' textbooks include:

（1）Lack of authenticity.

The textual materials chosen and proposed with great efforts appear to be rather unauthentic and uninteresting to the students and failed to attract them. As Winnie Lee says, some textual materials are not authentic because whether textbooks are authentic to the students depends not only on the agreement between material writer's intention and the student's interpretation but the students' affective and cognitive responses to the materials as well (Lee 1995). Textually authentic materials can be made learner authentic only when they are fit with learner's reading goals, help them perceive the inherent interest and usefulness of the materials and activate learners' appropriate responses to them.

Although the ways the materials are presented to the learner readers are very important (Lee,1995:323)in making textually authentic materials learner authentic, yet, the freshness, relevance and usefulness of the messages the materials carry are most crucial. The world today is experiencing a boom of science and technology and various branches of knowledge in the corresponding fields. An incredible amount of new information constantly comes into students' daily life. What is new today may be out-of-date tomorrow. But quite a few reading passages in the textbooks are full of knowledge several years ago, which can not provide students with messages of any interest and can not meet their needs.

（2）Information limitation.

According to the "New Courses Criterion (2002)", students in high schools have been hoped to master learning skills, especially their reading ability. One point has so far been commonly accepted that reading materials should provide students with sufficient new and useful information relevant to their reading goals. The material selection is mainly bookmaker-centered rather than learner-centered with little regard to students' reading goals. So, some textbooks have become a barrier. They don't have enough vocabulary, the latest science, technology information, which can not adapt to the NMET.

2. The advantages of the current popular newspaper articles

When hearing that teachers intend to bring some newspapers into English reading teaching class, some of my workmates feel puzzled: "Aren't our textbooks the authority?" "Is the newspaper language suitable to the intermediate learner readers? Does the newspaper have the readability?" "Will the teachers of reading have to spend a lot of time and energy on the explanation of some concepts and terminologies in the content areas concerned and thus, deviate the learner readers' attention and concentration from reading to the study of various subjects?" Here, I intend to give several reasons to prove the acceptability of current popular English newspaper articles.

（1）Acceptability.

One of the reasons why I propose current popular English newspaper articles should be used as students' extensive reading supplementary reading materials is that those articles are widely accepted by most students ,who have different degrees of English proficiency and diverse educational backgrounds. On the other hand, the simple fact that the vocabulary and syntactical structures used in the newspapers, in general, fall into the common core of English language and are closer to the forms of simple daily speech and the neutral style of expression than the language forms used in most of the literary works or academic writings also explains why popular English newspaper articles appear more acceptable to the majority of students. Make full use of them and both the teachers and the students can enrich their class-learning or class-teaching resources.

What's more, newspaper writings provide the students with a simple, precise, and poised (Hicks:1993) form of expression as well as a great number of up-to-date language data to learn. Learners sufficiently exposed to the newspaper articles will certainly be trained to read more efficiently and express themselves with more flavor, fluency and vividness.

（2）Up-datedness.

On the other hand, newspaper language opens up in the teaching and learning process vast areas for exploitation, including a certain number of unfamiliar subject or specific words, various concepts and the special structure of the text and quite a few stylistic devices, such as humor, irony, metaphor, simile and so on, which have great effect on students' reading comprehension and writing ability. They are what the students want to learn, especially to those students who have a better learning ability.

In addition to what has been mentioned, the extensive reading especially English newspaper reading in the class of Senior Middle School is an activity which is more or less controlled by teachers of reading, who will screen out the unsuitable elements of texts, while maintaining those that fit in with the students' needs, are relevant to their reading goal, and suitable to their current linguistic competence.

Generally speaking, newspaper English is widely accepted, though it may have some terms that are difficult for beginners, but they constitute no special difficulty for intermediate learners, especially the students who are ready for the NMET. The fact that these newspaper articles are used as texts is the best proof that newspaper language with some special terms can help students improve their English-reading levels.

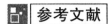 **参考文献**

［1］文秋芳.英语学习策略论［M］.上海：上海外语教育出版社，1996.

［2］胡春洞，王才仁.英语学习论［M］.南宁：广西教育出版社，1998.

［3］刘润清，胡壮麟.外语教学中的科研方法［M］.北京：外语教学与研究出版社，1999.

让学科带头人成为教研组的灵魂

深圳市龙岗区龙城高级中学英语组　方静

　　教研组依托学科平台而建，教研组建设的核心内容就是发挥好学科带头人的作用。学科带头人是在本学科教学中成长起来的，具有声望的领路人。他在学术积累上领先于人，又不仅仅是学科教学的纯研究者；他擅长本学科教学，又不仅仅是狭隘意义上的教学能手。在新课程背景下，学科带头人是整个教研组新课程实施的实践者和示范者，是教学研究和课程资源开发的建树者和有作为者。他们要凭借自己的感召力和影响力履行重要的教育使命。

一、培养和树立为教育事业奋斗终生的教育情怀，做一名脚踏实地的理想主义者

　　教育不是通向上流社会的阶梯，而是通向智慧的道路。那么，作为一名学科带头人更是应该拥有比一般教师更广阔的教育情怀。他自己既要脚踏实地又要充满理想，更要引领广大教师做一个有"境界"的人。著名哲学家冯友兰在《人生的境界》中曾经谈到人生的三种境界，做教师，尤其是做一名学科带头人其实也应该实现这三种境界的蜕变和跨越：第一种境界是谋生的境界或职业的境界。第二种境界是事业的境界。第三种境界是信仰的境界，就是把做教师、从事教育工作当作一个崇高的信仰。真正伟大的教育家其实都是达到了这样一种境界的。比如陶行知、苏霍姆林斯基等中外伟大的教育家。那么，怎样才能实现三个境界的飞跃？怎样才能拥有伟大的教育情怀？从多位成功的教育者的发展历程不难看出：通过阅读和反思。古人云：书犹药也，善读之可以治愚。现代著名教育家朱永新也说过：一个人的阅读史，就是他的精神发育史。所以应该让阅读成为生命的自觉，更成为广大教育学科带头人的一种生活方式。

二、集体靠学科带头人来搭建，树立以引领为目的的使命意识

学科带头人不是上情下达的执行者，不是发号施令的管理者，而是学科教学和研究的引领者。一方面，学科带头人不仅仅是新课程的实施者，更是新课程的创造者。这要求学科带头人清醒地意识到，自身的价值是在实施新课程、创造课堂教学新境界的过程中实现的。另一方面，从新课程实施数年来的情况看，一线教师面对课改的态度与积极程度不尽相同。这就要求学科带头人善于化消极因素为推进新课程的积极力量，在教研组内部形成合力。这样，无论是教研组内部的普通教师还是教研组的学科都能实现三个专业发展：第一是站在大师的肩膀上实现专业阅读的发展；第二是站在自己的肩膀上实现专业反思写作的发展。第三也是最重要的，站在集体的肩膀上实现专业共同体的发展。而这所有的一切，依靠的就是学科带头人能否拥有教育的伟大情怀，是否有献身教育的意愿和使命感。

三、拓展以教师个体为本位的教研途径，实现学科带头人专业引领功能的最大化

师本教研有别于校本科研，它提倡每位教师从自身的教学实践出发，开展个性化的研究，确立富有教师个体特色的教研内容和教研形式。作为教研组内的专业灵魂，学科带头人与校外专家相比具有天然优势。他最熟悉本教研组内部成员的教研背景、学养根基、独特追求和成长可能。因此，作为一名合格的学科带头人，应该有一定的组织能力，利用和创造一切活动，形成整个教研组的发展合力，将"小我"融入"大我"。

1. 教研沙龙

教研组成员之间围绕某个专业话题各抒己见、畅所欲言。

重点放在让各种思想相互碰撞、交流，激发出更多的原生态的灵性思维。

2. 课堂诊断

在日常的听课、评课活动中，学科带头人要多听教师的家常课，通过现场观察、过程记录、课后交流等环节，凭借常规化的学科特定氛围与同行取得深度共鸣。其间，他向同行所提出的相关建议、改进措施等要具有充分的可接受性。

3. 读书报告

学科带头人可以带领教研组成员共同制订学年或者学期的读书规划，在个人深读、思考和笔记的基础上，定期开展读书报告会。报告会上，教研组成员轮流主讲，并接受同伴的咨询、质疑，形成坦诚交流的读书氛围。

4. 学科博客和网站

新时代的交流媒体已经不仅仅局限于纸质媒介。随着教学信息化时代的到来，学科带头人可以带领教研组成员创建自己的QQ群、博客或者学科网站。这样，交流的时空得到了无限放大，学科成员们无论何时何地都能够及时地相互反馈和交流。

改革开放后的英语教育

深圳市龙岗区龙城高级中学英语组　王婧

改革开放以前，我国中小学的英语教育随着我国政治、经济形势的变化和发展起起伏伏，走过了一条迂回曲折的道路。1978年至今，英语教育在我国的中小学呈现出了直线发展的趋势，英语逐渐成为中小学校的主要基础课之一，与语文、数学等学科同等重要。

一、改革开放后英语教育改革三阶段

30年间，我国中小学英语课程发展主要经历了以下三个阶段。

第一阶段（1978年—1990年）：英语教学大纲研制工作启动。当时，我国的英语课程与教学研究还基本处于起步状态，教学大纲的制定缺乏科学的理论指导，同时还迫切需要解放思想，冲破"左"的思潮束缚。

这一阶段，我国共制定了4个英语教学大纲：1978年的《全日制十年制中小学英语教学大纲（试行草案）》，1980年的《全日制十年制中小学英语教学大纲（试行草案）》，1986年的《全日制中学英语教学大纲》，1990年的《全日制中学英语教学大纲（修订本）》。第一阶段的大纲修订与第二阶段的大纲编订实际上有一段并行的时期。

第二阶段（1988年—2000年）：认真总结我国历史上中学英语教学研究的经验和教训，广泛借鉴国外的研究资料，特别吸取了欧洲共同体国家语言学和语言教学研究的成果，引进了交际语言教学的思想，还大胆采取中外合作编写中学英语教材的形式，对我国英语课程、教学的改革与发展起到了很大的推动作用。

这一阶段，我国共制定了6个英语教学大纲：1988年的《九年制义务教育全日制初级中学英语教学大纲（初审稿）》，1992年的《九年义务教育全日制初级中学英语教学大纲（试用）》，1993年的《全日制高级中学英语教学大纲（初审稿）》，1996年的《全日制普通高级中学英语教学大纲（供两省一市试验用）》，2000年的《九年义务教育全日制初级中学英语教学大纲（试用修订版）》，2000年的《全日制普通高级中学英语教学大纲（试验修订版）》。

这些教学大纲较之于第一阶段而言，体现了一个演变、进步与发展的过程，而绝非"破旧立新"，主要体现了科学、规范、开放、完整等特点，在教学目标、教学观念、教学方法、教学手段等方面都有了不同程度的发展和变化。

第三阶段（21世纪初期）：改革基础教育课程体系，全面贯彻国家教育方针，以提高国民素质为宗旨，以培养创新精神和实践能力为重点，促进每个学生健康发展，培养良好品德，培养终身学习的愿望和能力。

这个阶段英语学科制定了两个课程标准：《全日制义务教育普通高级中学英语课程标准（实验稿）》（简称《义教普高课标》）和《普通高中英语课程标准（实验）》（简称《普高课标》）。这两个课程标准是吸收国内外外语教育研究的成果，结合我国英语教育实际和未来发展需要研究制定的。课程标准从素质教育的高度、从学生发展的角度明确地提出英语课程在构建人文素养方面的价值及对国家发展的重要意义，也明确了英语课程既具有工具性又具有人文性的性质。

新课程的总体目标是培养学生的综合语言运用能力。语言知识和语言技能是综合语言运用能力的基础，文化意识是得体运用语言的保证，情感、态度和价值观是影响学生学习和发展的重要因素，学习策略是提高学习效率、发展自主学习能力的保证。虽然以往的教学大纲也提出了思想情感、道德品质、跨文化交际意识、智力与非智力因素等方面的要求，但对英语课程价值的认识主要以英语的工具性为基础，强调知识的学习和技能的培养。而课程标准则把英语课程的目标扩展到5个方面，特别是思想情感和学习策略，重视英语的人文性，有利于真正实现素质教育，促进学生的全面发展。普高课标还强调培养高中学生用英语进行思维和表达的能力。

课程标准带来了一系列新的观念，如面向全体学生，注重素质教育；突出学生主体，尊重个体差异；倡导通过感知、探究、体验、实践、参与和合

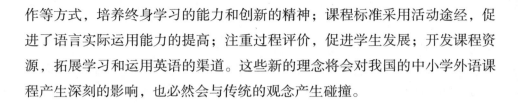

作等方式，培养终身学习的能力和创新的精神；课程标准采用活动途经，促进了语言实际运用能力的提高；注重过程评价，促进学生发展；开发课程资源，拓展学习和运用英语的渠道。这些新的理念将会对我国的中小学外语课程产生深刻的影响，也必然会与传统的观念产生碰撞。

二、课堂教学改革探索凸显课堂生命活力

在改革开放的最初10年，根据1982年全国中学外语教育工作会议"积极开展教学研究、改进教学方法"的指示，英语教师围绕教学中的实际问题开展了研究，积累了一些教学经验。例如，初中如何开展听说活动，如何贯彻"听说领先，读写跟上"的原则，怎样使句型教学情景化并培养交际能力；高中怎样侧重阅读，如何搞好课文教学等等。

20世纪90年代，培养交际语言能力成为教学大纲的教学目标、教材编写的基调与英语课堂教学的指导原则。因此，现代交际法思想逐渐深入人心，具有交际特点的教学方法走进中小学英语课堂，探讨具有交际功能的教学方法蔚然成风，在研究活动形式、教学过程、语言知识教学和语言技能训练等方面，产生了大量的阶段性成果，呈现三大特点：一是活动组织多元化，如中英合编的教材（JEFC和SEFC）积极倡导4种活动组织方法，即两人小组练习（Pair Work）、小组活动（Group Work）、分排练习（Row Work）和分行练习（Branch Work）。这些方法在教学中被广泛采用，成为大班英语教学最常用、最有效的练习形态。二是课堂教学结构化。JEFC和SEFC提倡的"五步教学法"，为交际型教学确定了课堂结构模式，在实施教材中发挥了积极的作用。五步指的是：复习（Revision）、呈现（Presentation）、操练（Drilling）、练习（Practice）和巩固（Consolidation）。五步教学法继承了传统的经验，如复习、操练和巩固，同时又体现了发展和进步，如在"呈现"（即介绍新语言）环节要求尽量用目的语——英语，用直观教具介绍新的语言现象，在"练习"步骤中要进行多种形式的练习，教师逐步减少对学生的控制，让学生提高流利程度而不只是准确度，使他们的言语技能发展成运用语言进行交际的能力。三是教学过程交际化。交际化原则渗透于语言技能训练中，MMC三层次训练法——机械操练（Mechanical Practice）、有意义训练（Meaningful Practice）和交际练习（Communicative Practice），

广泛应用于语言实践。

21世纪初期，外语教育进入了一个新的时期——后教学法时代。人们认识到，世上没有一种万能的教学法，只有从实际出发，根据特定的教学目的、教学对象、母语环境、教学条件（班级大小、课时多少、师资水平、教学手段等）和教学阶段的需要，灵活地采用合适的方法才能获得最好的效果。因此，人们往往愿意博采众长、兼收并蓄，吸取新的、先进的教学方法，继承传统的、行之有效的教学方法。为了提高教学的质量，解决"费时低效"的问题，教师和教研人员研究教学方法的热情日益高涨。这一时期具有代表性的研究成果是任务型教学途径和有效教学方法。课程标准倡导任务型教学途径，英语课标实验教材也贯彻了任务型教学思想。任务型活动能让学生用英语做事，用语言开展真实的、有意义的活动，为学生提供了互动的机会和自主探究的机会。如果使用得当，任务型教学确实能够有效地培养学生综合运用英语的能力。

改革开放后，尤其是20世纪末，我国涌现出了一批具有中国特色的英语教学法，如十六字教学法、外语立体化教学法、十字教学法、双重活动教学法、"三位一体"教学法、"四位一体"教学法、二十四字整体教学模式，等等。这些教学法产生于我国的教学实践，在英语教学改革中发挥了重要的作用，显示出了较强的影响力和生命力。

三、出路在于探索中国特色的英语教学体系

中小学英语教育发展不平衡是我国的国情。张正东教授对我国英语教育的情况做过精辟的分析："外语教育是我国教育领域发展不平衡的突出部分。我国英语教育普及面之广，接近汉语，而学程之长则超过汉语。我国学生的英语成绩有的能在国际竞赛中夺标，有的只能在课程标准要求上上下浮动，有的则远远不能达标。仅就基础教育而言，我们有高水平的外语学校、双语学校，有较高水平的重点高中和英语特色学校，也有大批一穷（少有使用外语的需要）二白（缺少教师、设备）的普通中小学。"

面对我国英语教育发展不平衡的国情，不能要求所有的学生接受内容和水平一致的教育，更不能要求教育结果的整齐划一。区分层次、不同要求才符合实际。英语教学起点至少有3个：小学一年级、小学三年级和初中一年

级，但高中的课程仅以五级要求为起点，高中虽然有三级要求，但在课程实施中，都朝着高考要求的八级走，实际上仍然是一个标准。今后高中的起点应该不同，还要设第四个"入口"，即高中起点。比如，高中起点的学生用3年的时间可以达到七级或七级以上要求，这对条件差的地区或学校是不难做到的。不同的"入口"和不同的"出口"会带来管理上的问题，但是如果认为必须这么做，总会找出好办法解决的。

外语作为素质教育的一部分，通过初中教育便可以使学生获得，但是，外语不一定是每个公民必要的谋生手段，不需要每个人都具有很高的水平，因此，不必要求所有的小学都开外语课。不顾条件勉强开设，只会造成资源的浪费。中央和各地区教育部门需要加强对外语学校、有外语特色的学校、民办学校及双语教学等各种试验的领导，这样便可在提高全民族外语素质的基础上，培养出一大批高水平的外语人才。

展望21世纪，随着我国改革开放稳健而迅速的步伐，中小学英语教育将会不断继承、创新，实现可持续性发展。我们要在积极吸收国外先进外语教育教学理论的同时，依托我国现有的丰富的英语教学实践，认真总结历史经验，切实搞好调查研究，大胆改革创新，探索中国特色的英语教学体系。期望在2050年，中国不只是一个拥有外语学习者人数最多的大国，而真正成为世界上一个先进的外语教育大国。

对初中英语家庭作业设计的探索

深圳市龙岗区龙城高级中学英语组　　方静

一、现阶段初中英语家庭作业设计存在的问题

1. 作业缺乏层次性

由于学习兴趣、学习动机、学习能力、学习需求等各个方面存在差异，初中学生在英语课程学习上表现出来的综合素质各不相同。同样的学习任务和教学内容，有些学生学起来十分轻松，而有些学生学起来却非常吃力。这也意味着英语教师在设计家庭作业的时候不能使用统一的标准，应当对作业的难易程度进行分层。然而，当前很多英语教师为了图省事，在设计作业的时候没有遵循"分层设计"这一原则，无论是优等生还是后进生，家庭作业完全一样。优等生只需要花费几分钟的时间就可以完成，而后进生绞尽脑汁也解决不了，导致学生整体学习效果不佳。

2. 作业形式单一化

英语是一门语言学科，语言的学习应当做到听、说、读、写各项能力兼备。这也意味着英语教师在设计家庭作业的时候既要设计书面形式的作业，也要设计一些能够锻炼学生英语听力和口语表达能力的作业，让学生听、说、读、写各项能力都能得到训练。然而，受应试教育和教育大环境的影响，当前初中英语教师在设计家庭作业的时候显然忽视了这一点，经常给学生布置一些语法、词汇、写作等方面的家庭作业，注重对学生阅读能力和写作能力的训练，而忽视对学生听力和口语表达能力等其他方面能力的训练，导致"哑巴英语"现象十分普遍。大多数学生具有丰富的词汇和语法知识，但是却不知道如何使用英语和他人进行交流，也很难听懂对方说什么，这不利于学生的全面发展。

3. 作业量偏大

虽然人们都意识到"题海战术"的弊端，但是很多教育工作者在教学工作中依然使用"题海战术"对学生进行训练，包括初中英语教师。笔者在实际工作中发现，大多数教师认为，虽然题海战术是一种很笨的方法，但是时间长了，会达到由"量变"到"质变"的效果。由于初中英语学习中有很多的词汇和语法需要记忆，大多数英语教师就试图通过增加作业量的方式提升学生的记忆效果。这种求量不求质的设计原则不仅收效甚微，而且在很大程度上增加学生的学习负担，使学生出现排斥心理。

二、初中英语家庭作业设计的优化策略

1. 家庭作业设计要体现出层次性

由于学生存在个体差异，教师如果针对优等生和学困生设计难易程度相同、数量相当的家庭作业，会让优等生感觉到毫无挑战性，逐渐失去练习作业的兴趣，相反，会让后进生感觉到困难和吃力，在自信心不断遭受打击的情况下也逐渐丧失练习兴趣。这对学生全面发展而言是非常不利的。英语教师要清楚认识到这一问题，首先要对学生进行全面了解，掌握学生的学习能力、学习需求、学习兴趣等各个方面的情况，在综合考虑这些因素的基础上将学生分成优等生、中等生和后进生三个层次。教师再遵循"分层设计"的原则，找到每个层次学生的"最近发展区"，再结合最近发展区针对不同层次的学生设计难易程度不同、数量不同的家庭作业。一般来说，针对学习能力差的后进生，英语教师应当设计难度系数小、形式简单的英语作业，同时要控制好作业的数量，尽可能做到少而精，在不增加学生学习负担的基础上提升学生的学习效果；针对学习能力一般的中等生，教师应当设计难度系数一般的基础性作业，相对于后进生而言要适当增加一些作业量，确保该层次每个学生的学习需求都能得到满足；针对学习能力强的优等生而言，教师应当设计具有一定拓展性的英语作业，控制好作业的数量，同样做到少而精，让优等生的英语思维能够得到有效的拓展。这种具有层次性的家庭作业不会让学生在练习作业的时候绞尽脑汁，感到吃力和痛苦。每个学生轻轻一跳就能够得到答案。这样既可以激发学生的学习兴趣和学习动机，又可以让每一个层次的学生都能获得发展。

2. 重视家庭作业形式的优化

在传统的初中英语教学中，英语教师通常以课后习题为家庭作业让学生练习，或者让学生记忆单词、背诵语法、书写作文等，这种类型的家庭作业都比较简单而且死板，很难激发学生的学习兴趣，也很难锻炼学生的英语能力。英语教师要清楚认识到这一问题，尽可能丰富家庭作业的形式，让学生听、说、读、写等各项能力都能得到训练，从而促进学生全面发展。

例如，教师可以给学生推荐一些英文小电影，让学生在课余时间观看并用英语写一篇观后感，这种形式的家庭作业既可以锻炼学生的听力，又能提升学生的写作能力。与此同时，教师还可以给学生推荐一些适合初中生阅读且具有趣味性的文章或者书籍，让学生利用课外时间阅读并用英文写一篇读后感，这种形式的作业可以促进学生阅读能力和写作能力共同发展。除此之外，现在初中学生人手一部手机，教师可以利用微信建立一个微信群，在下课以后抽出一个比较集中的时间，在群里布置一个讨论的话题，让每个学生利用微信的语音功能参与讨论，并且要求学生全程使用英语进行交流。这种类型的家庭作业既可以帮助学生克服心理障碍，又能锻炼学生的口语表达能力。

3. 控制好家庭作业的量

"题海战术"从某种程度上说可以提升学生的学习效果，但是这种学习方式需要学生花费太多的代价，既耗时又耗力。学生如果有足够的耐心，可能一段时间之后就实现了量变到质变的提升。然而，如果学生没有足够的耐心和信心，题海战术的运用不仅不能发挥正面的作用，还会增加学生的学业负担，使学生对英语家庭作业甚至英语这门课程产生排斥的心理。因此，英语教师在设计家庭作业的时候要将作业的量控制在一个合适的范围内，尽量不要采取大量机械训练和重复劳动的方式去换取学生的考试成绩，这种方式很可能就会适得其反。就笔者教学经验而言，英语教师要加强对教学内容和学生这一教学主体的研究。依据学生在课堂上的表现和教学重难点内容，尽可能围绕教学重难点以及学生在课堂上还存在疑惑或者掌握不牢固的知识点进行家庭作业设计，对于那些简单的、大多数学生都掌握了的知识点则可以不进行练习或者设计到后进生的家庭作业当中让后进生进行练习，这样既能巩固后进生的学习效果又能减轻中等生和优等生的学业负担。

结论综上所述，家庭作业是一种重要的教学资源，初中英语教师要结合学生的兴趣爱好、学习习惯、思想情绪、心理特征等做好家庭作业的设计工作。将家庭作业的价值充分发挥出来，促进学生的全面发展。

参考文献

［1］叶兴林.新课改下初中英语家庭作业优化设计探析［J］.科学咨询（科技·管理），2016（11）：86.

［2］黄艳梅.初中英语校本作业有效设计的调查研究［J］.英语教师，2016，16（8）：52–56.

［3］刘咪咪.职前教师与优秀教师初中英语作业设计的案例对比分析研究［J］.亚太教育，2016（1）：222.

［4］俞连珠.期待"放牛班的春天"——五类作业法，农村初中英语作业初探［J］.教育教学论坛，2013（39）：110–111.

［5］北京八中分校初中学生家庭作业有效性研究课题组.初中学生家庭作业布置的有效性探索与研究实践［J］.中国校外教育，2013（17）：2–3.

核心素养导向下的英语语法情景教学

——以名词性从句为例

深圳市龙岗区龙城高级中学英语组　奉青松

一、学科素养导向下的情景教学法

情景教学法（Situational Teaching Method）是指"在教学过程中，教师有目的地引入或创设具有一定情绪色彩的、以形象为主体的生动具体的场景，以引起学生一定的态度体验，从而帮助学生理解教材，并使学生的心理机能得到发展的教学方法"。余文森在《核心素养导向的课堂教学》一书中将其归纳为六种核心素养为导向的基本教学策略之一。可以说，在新一轮的课改中，这种形式与20世纪60年代的教学形式相比被学科素养赋予了新的生命。

从教学的角度，知识的情景化可以让学生参与、体验知识产生或者运用过程的情景，从而直观地、富有意义地、快乐地理解知识或者发现问题乃至创造知识。情景教学是一种站在学生认知和世界观角度的教学形式，注重学生的观感和体验，不仅能够提升学生的调动学生的学习兴趣，提高学习效率，更能增强学生的创造力。

二、情景教学法与语法教学

把语法知识放在特定的情景中，能够使呆板无趣的语法知识变得灵活生动，使复杂的语法现象更加容易为学生理解。通过创设情景、提供例子，让学生参与到语法现象的呈现和语法规则总结归纳的过程中，比起传统的叙述性的方法（Descriptive Method），这种方式更具生成性（Generative），学生对所掌握的语法知识更为牢靠。当然情景教学也有一定的局限性，如果学生思维方式错误，就不大可能参与语法规则的归纳；另外，情景教学法比起单纯的语法知识讲解要耗费更多的时间。

情景化语法教学设计的几个原则：

（1）生活化：语法的学习应该强调语用，联系生活、把生活引入课堂，让课堂走进生活，以生活中的实例，把语法知识活化。

（2）实际性：创设的情景要以解决实际语法问题为原则，不能为了创设情景而创设，流于表面，创设情景的目标、依据要明确。

（3）适应性：创设的情景难易程度应该适合全班大多数的同学。

（4）形象：情景要新颖、生动，要能激发学生学习的兴趣。

三、课堂实例——名词性从句，我是这样创设情景的

这堂课需要解决以下几个问题：什么是名词性从句，名词性从句的连接词有哪些和各自的用法。难点在于知识点众多，为了将复杂的语法知识简化，让学生更为简单、高效地掌握这一语法现象，我创设了Dinning Out这一大的情景和6个小的情景，具体如下：

情景1：Should we leave a tip?

情景2：A Careless Housewife

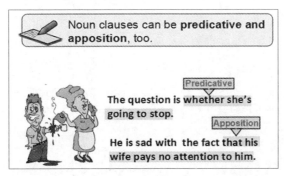

Should we leave a tip?以及A Careless Housewife呈现了不同用法的名词性从句，让学生了解了什么是名词性从句，以及名词性从句的功能。

情景3：The Upside-down Spaghetti

该情景对话中的三个句子分别呈现了that、疑问词和whether / if引导的名词性从句，通过这一情景，学生形成了对名词性从句引导词的认识。

在这堂课中，通过就餐这一学生熟悉的生活情景，我一一将名词性从句的重难点呈现，化繁为简，深入浅出，收到了不错的教学效果。但是也存在一些不足，比如虽然这几个小情景都在就餐这一大情景下，但彼此之间缺乏联系，从而没有形成一个连贯的情节。而对于在核心素养导向下如何开展语法情景教育，我将继续探索下去。

学生自主学习与教师有效教学的尝试

深圳市龙岗区龙城高级中学英语组　　王婧

新课标英语教学理念实施以来，教师努力钻研其精髓，更新观念、转变教法。《全日制义务教育普通高级中学英语课程标准（实验稿）》强调课程从学生的学习兴趣、生活经验和认识水平出发，提倡体验、实践、参与、合作与交流的学习方式和任务型的教学途径，使语言学习的过程成为学生形成积极的情感态度、主动思维和大胆实践、提高跨文化意识和形成自主学习能力的过程。为达到这一目标，教师们需要进一步思考如何利用有限的课堂时间让学生在兴趣的引领下自主并有效地学习英语。

一、英语教学的现状

随着新课标理念的实施，我们开始思考课堂、学生和整个教学过程。目前，高中英语课堂仍然存在着以下特点。

1. 围绕认知教学

《普通高中英语教师教学用书》明确给出了每一单元的Teaching aims and demands，并以话题、词汇、功能和语法各个要求展开说明。教师在牢固抓住教学目的和要求的同时，往往偏向于认知方面语言知识的讲授而忽略了其他的教学任务。比如，话题的有效功能性发散思维展开对学生情感、跨界知识的重要作用。

2. 围绕教材备课

教师备课的过程主要以教材为主，并以教材的格局顺序讲述书本知识，旨在掌握各个环节的词汇或句型知识。在此同时，忽略了学生主体的兴趣及接受情况。作为语言科目，教学过程略显单调。

3. 围绕教案讲授

在课堂上的教学环节按照教案预期进行，缺少语言和情感的互动。没有发挥师生共同的自主能动性，生硬地"背"教案失去了生态课堂的多维性。

二、理论依据

1. 自主学习

自主学习指学生在教师的科学指导下，通过创造性的学习活动，实现自主性发展。主要包括三方面的内涵：自主学习意识、自主决策与选择能力、自主地完成学习任务后的自我评价和自我调控能力。教师的科学指导是前提条件，学生是教育的主体，又是学习的主体；学生能动的创造性的学习是教育教学活动的中心，是教育的基本方式和途径。

2. 建构主义学习理论

学习是学习者主动构建自己知识的过程，学习者不是被动地接受外在信息，而是根据自己的经验，对外部信息进行主动选择、加工和处理，主动地建构信息的意义。它让我们注意到培养学生的各种能力必须以其主体性的发挥为前提，只有自主学习才有自我实现、发挥潜能的机会，学生才能获得发展。

3. 新课程标准

新课程标准要求以培养学生的科学素养为宗旨，从知识与技能、过程与方法、情感态度与价值观三个维度对学生进行科学教育和综合评价，挖掘和发展学生多方面的潜能。要让学生感受、理解知识产生和发展的过程，培养学生的科学精神和创新思维习惯，重视培养学生收集处理信息的能力、获取新知识的能力、分析和解决问题的能力、语言文字表达能力以及团结协作和社会活动能力。可见，"自主学习，自主发展"是新课程标准的重要理念之一，处处体现学生的自主意识、参与意识、创新精神和实践能力。

三、新课标理念在高中英语教学中的体现

此次英语课程改革的重点就是要改变英语课程过分重视语法和词汇知识的讲解与传授、忽视对学生实际语言运用能力培养的倾向，从认知水平出发，发展学生的综合语言运用能力，使学生主动思维、大胆实践、提高跨文

化意识和形成自主学习能力的过程。在这个阶段，教师要充分体现引导者的作用，以学生为主体备课、讲授和解惑，使得课堂上真正建立学生自主学习的平台。新课标理念在有效地达到目标上起到了显著的作用，具体体现如下：

1. 语言技能

语言技能是构成语言交际能力的重要组成部分。语言技能包括听、说、读、写四个方面的技能以及这些技能的综合运用能力。

2. 语言知识

基础教育阶段学生应该学习和掌握的英语语言基础知识包括语音、词汇、语法、功能和话题等五方面的内容。

3. 情感态度

情感态度是指兴趣、动机、自信、意志和合作精神等影响学生学习过程和学习效果的相关因素以及在学习过程中逐渐形成的祖国意识和国际视野。保持积极的学习态度是英语学习成功的关键。

4. 学习策略

学习策略是指学生为了有效地学习和发展而采取的各种行动和步骤。英语学习的策略包括认知策略、调控策略、交际策略和资源策略等。教师应在教学中，帮助学生形成适合自己的学习策略。

5. 文化意识

语言有丰富的文化内涵。在外语教学中，文化是指所学语言国家的历史地理、风土人情、传统习俗、生活方式、文学艺术、行为规范、价值观念等。接触和了解英语国家文化有益于对英语的理解和使用，有益于加深对本国文化的理解与认识，有益于培养世界意识。在教学中，教师应根据学生的年龄特点和认知能力，逐步扩展文化知识的内容和范围。

四、学生自主学习和教师有效教学的尝试

通过理解新课标的理念，我在课堂上做了一些尝试和实践。用一堂课作为例子详谈学生自主学习和教师有效教学。

课前设计：

I. Teaching Aims

1. Ss will understand:

    A. What is friendship?

    B. Why do we need friends?

    C. What kind of friend do you like?

    D. What qualities should a good friend have?

2. Ss can enlarge their vocabulary on this topic.

3. Ss may develop oral English and writing ability.

II. Teaching approaches

1. Ask-and-answering between the teacher and the students

2. Interaction among individuals, pair-work and group-work

III. Teaching procedures

1. Revising the text: Anne's best friend

2. Brainstorming:

    A. Why do we need friends?

    B. What kind of friend do you like?

    C. What qualities should a good friend have?

    D. Does a friend always have to be a person? What else can be your friend?

    E. What is friend or friendship in your opinion?

3. Rational test.

4. Story telling.

5. Writing.

6. Homework for today.

英语有一句谚语：Education must be fun.因此，教师在英语教学中应努力为学生营造一种轻松愉快的学习氛围，激发他们的学习兴趣，使学生主动进行英语学习。

1. 引导学生进行可理解输入（**comprehensible input**）

（1）问题引入：

① What kind of friend do you like?

—She / He must be（*adj.*）_____

② What qualities should a good friend have?

—She / He should be a person of (*n.*)_____

③ Does a friend always have to be a person? What else can be your unusual friend?

—Yes / No, my unusual friend can be _____

（2）合作学习：学生在已分组的基础上，通过小组讨论进行信息整合，话题词汇的爆发和重现在课前5分钟内得以实现。

（3）词汇呈现：各小组内reporter在展示台上呈现本组收集的话题词汇供大家交换学习。

（4）总结：教师点评，展示相关词汇并对学生的成果表扬鼓励。

2. 读、写 & 听、说

（1）rational test：联系话题内容，通过教师以自身事例为背景的一篇建立在语法填空基础上的文章的练习，学生能够达到阅读和练习的读写能力并且在情感上对友谊产生共鸣，进而继续为下一阶段的教学奠定基础。

（2）story-telling：在上一阶段的基础上，学生将模仿篇章以两人为小组互相讲述自己与朋友之间的故事。5分钟后，彼此复述对方的故事。通过此环节，学生不仅能够达到"说"能力的锻炼，而且可以间接地提高对"听"的感知能力。

3. 输出过程的继续

建立在输入基础上一系列能力的锻炼，教师有针对性地设置了一篇结合社会问题和本节话题为内容的基础写作，作为对本节的延伸和学生输出知识的训练。

Should students make friends on line?（学生应该网上交友吗？）

人们对于学生网上交友持不同意见。请你用5句话写一篇关于学生网上交友的短文，介绍人们的不同观点，并表达自己的看法。

赞成的理由	反对的理由	你的看法
1. 广交朋友。	1. 浪费时间。	
2. 可自由表达思想。	2. 影响学习。	
3. 利于外语学习。	3. 可能上当受骗。	

注意： （1）文章必须包括表中的全部内容。

（2）参考词汇：网络朋友on-line friend（s），上当受骗to be cheated。

4. 总结

一次尝试，总结如下：

（1）学生兴致较高，课堂气氛活跃。

（2）话题词汇得到扩展，学生听说能力得到训练。

体现出的问题：作为对话题课的复习，在内容上略显薄弱，再思考如何能力和知识兼得！

五、将新课标理念运用于英语课堂教学中应注意的问题

1. 以单元话题来设计教学

外研社的教材明确指出其为同学们提供探究式、发现式、任务型等多种学习方式及语言应用的平台并遵循"为用而学，在用中学，在学中用，学而能用"的原则，力图使学生逐步获得独立学习和自主学习的能力。作为教师在使用教材的同时，应熟知教材编排的目的并较好地运用自己的智慧从深度和广度围绕话题对其加工。这样，学生能够通过围绕这个话题下的语料拓展自己各方面的能力并达到课标和教材所期望的能力水平。

2. 以提高英语课堂教学效率为目的来安排教学

英语课堂教学应遵循："趣味性原则、真实性原则、递进性原则、主体性原则和运用性原则。"我在一节课中对此做了尝试：

Teaching procedures:

Step 1 Lead-in

Competition

Aim: To activate the students' knowledge and interest by collecting the students' ideas.

Step 2 Prediction

Read the title and predict the content.

Aims: To let the students predict the content and get a brief impression.

Step 3 Fast reading

1. Choose some key words from each paragraph.

2. Try to summarize.

Aims: To train the students' ability of catching key words.

Step 4 Careful reading

1. Find some details to support the title.

2. Read two passages together carefully and silently with one or two questions.

3. Competition: "Ask and answer".

Aims:

1. To lead the students to find out the detailed information by themselves.

2. To help the students understand the text and smooth away the difficulties in reading.

3. To train the students, ability of acquiring information.

Step 5 Group work

1. Talk about your idol.

2. Enjoy the song.

Aims:

Step 6 Assignments

Choose any one of these three:

1. Summarize these two passages within 30 words and write a composition within 120 words, which includes:

（1）The reasons why they are so successful.

（2）Something that you've learnt from them.

2. Please finish extensive reading material using the reading skills we have learnt today.

3. Do a report about Yao Ming or kebo Bryant next class.

Aims:

通过这节课，学生不仅对篮球英语及球星产生浓厚的兴趣，并通过循序渐进的阅读策略掌握了语料内容的同时收获了阅读技巧。同时，学生是这堂课的主人，而老师是每个环节的纽带，这充分体现了学生的主体性和学生对知识的运用原则。重要的是，学生在这堂课上各方面的能力都得以锻炼，他们有所收获。

六、转变教学观念，树立新型教学观

1. 树立新的教材观

学生的语言学习，可以基于教材，但是要高于教材。新课标理念指导下的教师应该在以教材为依托的基础上，从话题角度多层面地拓展内容，从而使学生能够接触到此类话题下更多的语言材料并用于自己的表达、沟通和写作当中。这样，教材就发挥了其最大的作用，指导了教师的有效备课并引导了学生的语言构架。

2. 树立学生的主体观

教师要转变在教学活动中的角色。教师不再是教学活动的中心，而是学生学习活动的促进者、指导者、组织者、帮助者、参与者和合作者。学好外语离不开良好的语言环境，而我们欠缺的正是这个环境，可以说我们的"语言环境"绝大部分时间是在课堂40分钟。然而，为了使学生充分利用这段时间，教师应针对具体对象设置相应的话题以供学生有的放矢。通过优化教学过程，创新教学策略和方法，给学生留足语言实践的时间和空间，最终让课堂"动"起来。

3. 树立语言实践观

传统的"注入式"教学不仅使课堂教学效率低下，调动不起学生的主体参与意识，而且也发展不了学生的思维能力、创新精神，当然也培养不了学生的整体素质。根据《英语课程标准》的要求，要改变以教师为中心、单纯传授书本知识的教学模式，加强语言实践活动，实现师生互动，具体来讲就是：

（1）倡导"任务型"教学模式。这种教学方式是一种体现以学生为主体的学习方式，是交际教学方式的发展。它利用真实的语言材料，在真实的交际活动中培养真正的交际能力。

（2）采用"合作学习"的方式。外研版《英语》（新标准）教材中每一个模块（Module）、每一个单元（Unit）都有大量的"Work in pairs"。要求教师采用"合作学习"的方式教学，这种方式是以"学生小组"为基本

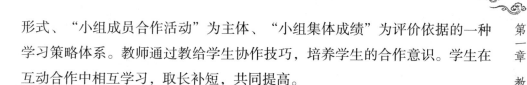

形式、"小组成员合作活动"为主体、"小组集体成绩"为评价依据的一种学习策略体系。教师通过教给学生协作技巧，培养学生的合作意识。学生在互动合作中相互学习，取长补短，共同提高。

（3）探索"问题式"教学方式。外研版《英语》（新标准）教材中每一个模块（Module）、每一个单元（Unit）都有大量的"Ask and answer"。教师可以采用"问题式"方式教学，这种教学方式是探究性学习的重要组成部分，教师应从多角度、多方位引导学生从问题出发，发展类比、联想等发散性思维，为学生提供展示其创造思维能力的空间。学生探索、思维的过程就是问题解决的过程，教师要变"让学生提问教学"为"以问题为纽带教学"。

（4）应用现代教育技术于英语课堂教学中。只凭"一支粉笔、一块黑板、一张嘴"，是很难适应"新课程标准"的要求的。在素质教育这种新的英语教学环境中，要应用现代教育技术于英语课堂教学中，促进学生自主学习，优化整合教学资源、教学要素及教学环节，创设条件培养学生的创新精神和实践能力。

（5）创设学生"自主、合作与探究学习"的氛围。外研版《英语》（新标准）教材许多项目的设计都是要求学生自己思考完成的，如每个模块的Speaking、Reading和Writing。教师要努力创设学生"自主、合作与探究学习"的氛围，使学生通过主动学习，形成以能力发展为目的的学习方式，通过联想、推理、归纳等思维活动用英语分析问题、解决问题、获得经验、增强信心、提高能力，从而形成适合自己学习需求的学习策略并不断地调整自己的学习策略。

参考文献

[1] 中华人民共和国教育部.英语课程标准（实验稿）[S].北京：北京师范大学出版社，2007.

[2] 华洋英语研究中心.新课标高中英语词汇全解[M].北京：外语教学与研究出版社，2007.

[3] 陈琳.英语（普通高中课程标准实验教科书）[M].北京：外语教学与研究出版社，2008.

英语"意群"认知结构的构建教学

深圳市龙岗区龙城高级中学英语组　方静

在日常英语教学中，很多学生对单独的词汇和句法掌握得比较好，但在解决实际问题，尤其是做单选题和阅读文章时，频频出错，从而影响了准确而快捷地接收与传递新的信息。面临这些制约学生英语能力发展的瓶颈，作为一名英语教师应该在教学中多渗透"意群"这个概念。

一、意群教学与学生认知结构的构建

意群指的是在英语交际中表达完整意思的语言单位。它是根据意思来组合的，它可以是一个词组、一个分词短语、一个分句等。意群的组合往往表达了一个句子的含义或段落大意，或文章的中心思想。请看2003年上海卷第4题：

There is a new problem involved in the popularity of private cars _____ road conditions need _____ .

A. that...to be improved

B. which...to be improved

C. where...improving

D. when...improving

此句中包含一个同位语从句，学生必须先找到名词中心词problem,然后才能很快解决后面的从句式具体说明"新问题"的内容。而involved in the popularity of private cars仅仅是一个后置定语，修饰a new problem.故此题选（A）。此题的意群划分为：There is a new problem / involved in the popularity of private cars / that road conditions / need to be improved.根据认知心理学原理，掌握基本词汇和适当的句法是有意义学习的前提。但如果学生自身的认识结构不发生变化，那么新掌握的知识也只能具有潜在意义，而不能变成实际的心理意义。学生的认知结构主要是词汇和句法，其结构层次关系是"词素——词汇——词组——句子"。这种关系在结构上是严谨的，但在意义上却是孤立的、零散的、缺乏联系的。它们再现出来，主要是强化记忆的结果，在实际运用中难以迁移。从意义上讲，文章的层次关系应该为：意群——句子含义——段落大意——文章中心思想。

如果学生能从意群角度来学习词汇和句法，那么他们所接受的知识将会融会贯通。

二、掌握意群教学的关键

掌握意群教学的关键是抓住意群的整体性。意群的各部分有机地组合在一起，各部分不能缺少，也不能改变。它们是一个整体，一旦被破坏，就不符合语言规律，而且影响了人们对句子的正确理解。如2005年上海卷第37题：

At last, we found ourselves in a pleasant park with trees providing shade and _____ down to eat our picnic lunch.

  A. sitting   B. having sat

  C. to sit   D. sat

首先分析意群：At last,/we found ourselves /in a pleasant park/with trees providing shade/and _____ down /to eat our picnic lunch.

从意群上，关键是能发现"and"为并列连词，连接前后两个谓语动词，前面用found，故后面用sat。此题选D。

意群的整体性还表现在意群的变式上，即意群内各部分的位置变化上。意群的变式可以使词汇的运用得以深化。举例如下：

（1）John plays football _____, if not better than, David.（1994年全国卷）

  A. as well   B. as well as

  C. so well   D. so well as

此句的意群是：John plays football / as well as David，被if not better than所隔开。

（2）His mother did all she could _____ him.

A. help   B. helping

C. to help   D. do for

此题的意群为：His mother / did / all（that）she could（do）/ to help him.
动词不定式在这里作目的状语。此题中出现了意群的省略。

三、意群教学效果评价

通过意群教学可以使学生的认知结构更加系统化，而且有利于知识的迁移。意群教学效果主要体现在以下几个方面。

（1）口语中学生能正确地进行意群停顿，交际双方能够正确而快速地传递信息和接收信息。

（2）提高了学生对句子以及文章含义的理解能力。

（3）可以培养学生思维的灵活性，从而使他们能准确而快捷地捕捉信息，增强应试能力。

（4）可以使学生将所学知识整体化和系统化，可大大减轻学生的记忆负担，致使迁移加快。

意群教学确实能够培养学生学习和运用英语的多种能力，同时能减轻学生的记忆负担。尝试后，收获不小，效果明显，同行们不妨试一试。

英语教学与创新型人才的培养

深圳市龙岗区龙城高级中学英语组　奉青松

"创新是一个民族进步的灵魂,是国家兴旺发达的不竭动力。一个没有创新能力的民族难以屹立于世界民族之林。" "教育是知识创新、传播和应用的主要基地,也是培养创新精神和创新人才的重要摇篮。教育在培育民族创新精神和培养创新人才方面,肩负着特殊的使命。"

一、转变教育观念,是创新教育的前提

观念是客观世界在人脑中的反映。人类社会在不断地发展,不同的历史时期产生于人头脑中的社会观念也自然不同。人类文明在不断进步,人的各种社会观念也应该不断更新。

素质教育作为一种新的教育理念,其核心是:以提高全体国民的素质为目标,以促进人的全面发展为宗旨,以人为本,培养适应时代发展所需要的具有创新精神和创新能力的人才。推行素质教育,培养具有创新精神和创新能力的一代新人,需要教育工作者转变教育观念。

二、营造民主、宽松的学习环境,是创新教育的保证

现代教学论研究表明,学生的学习心理发展存在着两个相互作用的过程,一方面是感觉—思维—直觉、智慧过程,另一方面是感受—情绪—意志、性格,后者是情感过程,二者密不可分。以往的教学只重视前者,而忽略了后者,因为课堂失去了对学生的吸引,学生的学习是被动的。要培养创新型人才,就必须建立新型的师生关系。落实到课堂上就是要创造民主、宽松的学习氛围,经常采用肯定性和激励性的课堂评价。

教师在平时的教学中要关爱、信任学生,尊重学生,建立民主、平等的

师生关系，使学生身心愉悦，形成积极向上的学习状态和健康的心理。只有这样学生才能放飞思维和想象的翅膀，创造性地学习。

三、培养学生的参与意识和协作精神，是创新教育的动力

第一，教学过程既是认知过程，又是情感过程。这两个过程相伴相随，相辅相成。积极参与是学生自主学习的前提，让学生积极参与教学充分体现了活动、民主、自由的课程理念。

第二，要加强课堂讨论，强化学生的竞争意识和创新意识，培养学生提出问题、解决问题的能力。如教学Make our world more beautiful这一句话时，先让学生观看一些有关环境的图片或者影视片段，然后问学生：How do you like the pictures? 了解学生们对于环境污染录像的看法。多数学生会回答：Terrible! We should care for our environment. 也有学生则说："我们居住的环境太差了，人们应该寻求新的家园。"学生们从不同的角度回答问题，尽管有的看法不是很客观，但也是值得肯定的。紧接着我又提出问题：What should we do in order to improve our environment? 来让学生们阅读课文，再以小组的形式展开讨论10分钟，做出回答。学生们积极动脑，平等地交流讨论，不同层次的学生都能畅所欲言、有所收获并取得满意度效果。

此外，也可以把游戏引进英语课堂，在游戏中培养学生的参与意识和协作精神。英语课堂教学活动，不仅是语言知识的传授和能力的训练，更重要的是师生、学生之间在信息传递和情感交流中思维的碰撞以及新信息的获取。如What's your favourite sports? What do you do?等话题以chant的形式教学，它的节奏感极强，可以把有关运动和职业的单词轻松掌握，学生们爱说、爱读、爱练，学习效果就会非常显著。

四、设疑布阵，激发求知欲，是创新教育的良好方法

问题是教学活动的核心，没有问题的存在，教学就没法进行，什么样的问题决定了什么样的思考和行为。教学中教师要善于设疑，问题要能引起学生质疑、探究、发现，激发其求知欲，让学生在质疑、探究、发现中获取知识和经验。促使学生运用自己总结到的构成规律来学习新的单词，体现了"授人以渔"的教学理念，以利于学生创新能力的培养。

五、重视学法指导，培养自学能力，是创新教育的关键

古人云："授人以鱼，不如授之以渔。"教给学生学习方法是优化教育的重要原则，新时代要求教学不仅让学生学会，更要会学，具有终身学习的能力、自主学习的能力。教育学家叶圣陶说："教是为了不教。""不教是为了养成学生有一定自学的能力。"就充分说明这个道理。因此，教给学生正确的学习方法，培养学生的自学能力，是创新教育的关键。

创新精神和创新能力的培养是一个民族和国家长盛不衰的动力，培养学生的创新精神和创新能力应该重视改变陈旧的教学观念，把先进的教学理念转化为自己的教学行为，是时代赋予每一个教师的责任，也是培养具有创新精神和实践能力的新世纪人才的需要，这是一个伟大的工程，需要广大的教育工作者通力合作，献计献策。以上是我个人的浅显看法，我愿意和大家进行探讨、取长补短、共同进步。

英语教学中的合作性作业

深圳市龙岗区龙城高级中学英语组　杨春燕

我们的许多学生学习英语达十几年之久，但是，英语的实际应用能力依然不容乐观。在英语新课程中，听、说、读、写四个基本语言技能得到了进一步强化，也更为注重学生的合作探究，促进学生把学到的英语应用到实际生活中。所以，合作性学习，或者说小组合作教学在英语教育的领域中得到了比较广泛的应用。合作性学习让学生用"英语"去做事，使学生通过大量的伙伴活动和小组活动获得语言应用的机会。

一、合作性作业的积极意义

合作性作业是合作性学习的一个重要组成部分。恰当的作业能够使学生温故而知新，让学生真正掌握所学知识。因此，合作性作业在英语教学中发挥着不可忽视的积极作用。首先，学生在合作探讨中发现自己的不足以及他人思维的亮点，在潜移默化中做到了学他人之长为己所用，以及给自己进行了查缺补漏的过程。其次，在团体合作中，集体的智慧是无穷的，学生在合作的氛围中，扩宽了思路，开阔了视野，完成的作业有了一个新的高度。并且，合作性作业调动了学生学习的积极性，因为在小组中，每个人都是参与的主体，作业的完成不再是"要我做"，而是"我要做"，这就激发了学生的学习动机。最后，合作性作业进一步促进学生团队精神的养成，让学生掌握知识的同时学会与他人合作相处，这就是教育与教学的完美结合。

二、合作性作业的形式

教育的发展提出的一个理念就是教学作业的多元化以及作业评价的多元化。在英语教学中，结合不同的学习者，作业的设计应灵活多样，避免单

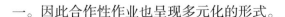

一。因此合作性作业也呈现多元化的形式。

（1）小组合作探讨某一个话题，在小组内用英语互相讨论，并且形成一个书面小结。例如，高一英语第二单元English around the world，在课文The road to modern English的结尾有一问句：Will Chinese English become one of the world Englishes? 我趁势引导学生去完成一项合作性作业，中国式英语现在看起来是不恰当的，但Will Chinese English become an international language? Why or why not? 这个主题让学生觉得很有话要说。学生分小组谈论，然后每组派一个代表到讲台上陈述他们组的结论。这就是一个很好的学习过程。

（2）合作出一份自己的英文报纸。学生们分工合作，有的收集资料，有的排版，有的绘画，有的弄个英文采访刊登在他们的报纸上……忙得不亦乐乎。在完成作业的过程中，学生提高了实践能力，学到知识的同时，也体验到了合作的快乐及其益处。

（3）合作表演英文小品。这种合作性作业趣味性较强，能提高学生的参与积极性，并且让每个组员都能在小组活动中充分锻炼自己的语言表达能力。

（4）共同学习，互相促进。在平时的学习过程中、作业的完成上，让小组成员之间互相帮助，彼此监督，在合作的状态下获得更大进步。这其实就是又一种合作性的作业，贯穿于每一次作业的完成过程中。

三、合作性作业的操作

当教师根据任务设计合作性作业时，应注意以下几点：合作性作业的设计应简明，易操作；每位成员的任务落实应明确，公平；合作性作业的评价应客观、多元化，以鼓励为主。

第一，合作性作业的设计应简明，易操作。

教师应根据学生的实际情况要求学生完成合作性作业，尽量简洁明了，容易操作。如果作业设计得复杂难理解，往往容易使学生产生一种挫败感，不利于学生对知识的掌握。本人曾设计了一个问题让学生讨论，问题为：What is Standard English in the world in your opinion? （你认为标准英语的定义是什么？）这个问题属于语言学的高度，对于高中生而言，确实有点难度。学生在合作谈论时面面相觑，每个人心中都没有底，于是就出现无话可说的场面。此次作业未能达到预想中的效果，因为难度过大了。

第二，合作性作业中的任务落实应明确，公平。

学生小组合作，这样就能够创造一个小小的英语氛围。但任务的落实一定要明确，以公平为原则。每个学生都应该担任一部分责任以完成作业，让每个学生都感觉到自己在教师心目中是很重要的，自己并不比别人差。例如，在完成讨论某个主题的合作性作业时，可以让四个学生分别担任组织者、汇报者、记录者和监督者。其中，组织者负责组织完成这个任务，记录者负责把小组讨论的要点记录下来，汇报者则把小组讨论得出的结论汇报给教师，监督者则起到监督整个过程的作用。下一次作业时，这些角色可以互换。

第三，合作性作业的评价应客观、多元化，以鼓励为主。

作业的评价这一环节不能忽视。当学生完成一个任务时，都希望得到他人的肯定。如果教师忽略了对他们的评价，学生心理上则会潜意识产生"干了也白干"的想法。教师应及时客观地对学生所完成的任务做一个评价，并且多元化地进行评价，比如做得好的团体可以得到老师送出的鲜花一朵，等等。教师应肯定他们的亮点，同时应指出不足之处以求进步。但总体来讲，评价要以鼓励为主，教师的鼓励会极大地激发学生的学习兴趣和学习主动性，促使学生更积极、主动地参与教学。

新课程改革的基本理念变化之一，是以知识为本的课程观转向以人为本的课程观。合作性作业很好地体现了这一教学理念。但是，教育教学是一门没有最好、只有更好的艺术。在教育教学过程中所设计的合作性作业，需要教育工作者孜孜不倦地去进一步探索、完善。

参考文献

王雅琪.英语小组合作学习初探［J］.学苑教育，2016（1）.

高质量的高中英语课堂

深圳市龙岗区龙城高级中学英语组　方静

我们的英语课堂，往往将语言切割为单词、语法、篇章分析，而忽略了作为整体的英语本身的美和运用。这样的课堂不是科学的，更不是高质量的。

一、备教材时要学会：删、替、补、改

备课，首先要备课标。教师要将教材与课标相融合，当教材与课标有出入时，教师要尽量以课标为准绳，对教材进行适量的删、替、补、改，这样我们的材料才是高质量的，因为高质量的材料是高质量课堂的基石。所以，高质量的英语课堂上，不是教教材，而是用材料去教——有模仿"A red red rose"的诗歌鉴赏、有欣赏英国女演员Emma Watson在联合国有关女权主义的演讲、有美国前总统奥巴马的"我们为什么要上学"、有中国整顿网络安全、有清华大学要求每个学生学会游泳带来的争论、有新时期的"一带一路"政策，等等。这样的课堂，是看得到文化的，是看得到语言在生活中的运用的。

二、课堂上要培养学生的批判性思维

传统的英语课堂，太多低端层面的信息搜索（Information Searching）和模仿（Imitation），而忽略了对学生批判性思维（Critical Thinking）的培养。而批判性思维，无论是从应试的角度，还是从育人的角度，都具有重要的意义。特别是在新课标着重强调核心素养培养的大背景下，学生批判性思维能力的培养就显得更加迫切和重要。那么，一节高质量的高中英语课堂的重要评价点就是是否培养了学生的批判性思维能力。

培养学生批判性思维的方式是多种多样的，从常规的教学环节看，brainstorm、group work、debate和after-class activity是比较常见的和有效的方式。以外研社必修五的Module 5 A life in Sport为例，学生对著名的体操运动员李宁的运动员生涯和商业经历有了大致的了解后，可以布置一个讨论的话题："What should we wear, national brands or western famous brands?"这个话题需要学生有一定的生活阅历，结合自己和他人在服装穿戴上的不同理念进行批判性思考。在辩论的同时，老师的正确引导必不可少。指引工作做得好，借助这个话题，我们能清楚地感悟到英语教学在传承、传播中外文化方面的优势，学生们批判性思维得到发展和锻炼，借助语言也能够彰显我们的民族自信、文化自信和大国自信。

三、课堂上培养好的习惯和规矩

高效的课堂应该是有规矩的，科学的教学方法和学习习惯并重。也就是说，如果没有你，这个课堂就永远不会是这个样子，永远不会这么有秩序、有手段、有方法，学生永远不会这么有效率、有好的习惯。比如，学生回答问题是不看着书照本宣科的，而是合上书，组织自己的语言再次输出；比如，小组合作是要求清楚、任务具体、责任明确、在小组角色分配上责任到人、活动步骤到位；比如，学生的笔记不是随意的，而是有分类、有注释、有剪贴、有批注等。高效的课堂是要经过反复的打磨和科学的培训的。

总之，高中的英语课堂，不再是简单的知识的传递和迁移，而是知识升华为智慧。那么，我们的英语课堂，要看得到文化，看得到人性，看得到语言的本真，看得到学生的主体，这才是高质量的高中英语课堂。

高中生英语学习评价的方法

深圳市龙岗区龙城高级中学英语组　方静

　　评价是教育教学的目的性和计划性的重要体现，是教育活动的重要组成部分，对教育教学的发展起着导向和质量监控的重要作用。新课程倡导"立足过程，促进发展"的课程评价，强调建立促进学生、教师和学校发展的评价体系，即发展性课程评价体系。

　　发展性学生评价原则，既是指导学生评价工作的一般原理，又是对评价活动提出的基本要求。对学生的评价要保证科学性、可行性、客观性、公正性和民主性的原则。这五项基本原则同样适用于英语课堂内外的教学工作。

　　在高中生英语学习评价方面，主要有以下一些常用的方法。

一、课堂观察（Classroom Observation）

　　课堂观察是课堂教学评价最基本和最重要的形式。通过观察学生在课堂学习活动中的学习行为，可以为教学提供即时反馈。真正使评价成为教学过程中的一个有机组成部分，体现评价促进学生学习发展的目的。同时，课堂观察能更好地了解学生交际语言的使用情况，更加有效地收集学生语言技能发展情况的信息。

二、面谈（Interview）

　　面谈指教师与学生就学生的学习进行的对话和讨论。通过面谈，教师可以了解学生学习过程中的感受和看法。例如，学生的动机和兴趣、对课堂所学知识和技能的应用、学习过程中的具体困难，等等。

三、问卷（Questionnaire）

问卷是一种相对结构化和正式的评价方式，可以在英语教学过程中定期使用。如在教学开始前，通过问卷可以得知学生先前的语言学习经历、已有语言知识、现有语言技能水平等。教学结束后，仍可借助问卷了解学生的满意程度。

四、学习日志或周记（Journals）

由于个性、文化背景及语言水平等原因，有些学生不愿意在课堂活动中公开表达自己。日志或周记这种个性化的方式为他们提供了反映学习经历的机会。鼓励学生参与学习，对学习负责任，学会自我评价。对于教师而言，阅读学生的日志或周记可以及时了解学生英语学习的需要、能力等方面的变化，使其更好地因材施教，解决实际问题。

除了以上介绍的四种学生评价方法外，还有学习档案袋以及传统的常规测试法等。笔者认为，教育改革，理念为先。尤其进入21世纪的高中英语教学，评价占有相当重要的比例。教师们要及时跟上新时代的脚步，借助多元化、互动化评价体系，完善自己的日常英语教学工作。

穿越时空的网络课堂

——高中英语阅读写作课与网络的整合

深圳市龙岗区龙城高级中学英语组　方静

一、时代背景

21世纪是信息时代。信息技术不仅会对人类的经济基础产生翻天覆地的影响，而且会对人类的文化基础乃至生存方式带来不可估量的影响。信息技术的飞速发展，必将促使我们传统社会和教育教学的读和写这两大文化基石发生巨大的裂变。

阅读方式的裂变：传统的线性的文本阅读，将让位于非线性的超文本阅读，以多种连接和组合提供高效的检索和更多的信息；单纯的文字阅读将发展为多媒体电子读物，使阅读和感受、体验有机结合；通过在电子数据库和电子百科全书中的交互式阅读，极大地提高个体创造性学习能力。

写作方式的裂变：从手写方式走向键盘、鼠标、光电扫描、语音输入等电脑写作；单纯文字写作转变为图文并茂、声情并茂的多媒体写作；学会进行超文本结构的构思与交互式的写作。

二、新课改环境下的新技术和英语课程的整合

世纪之交，基础教育课程改革在全国范围内受到前所未有的重视。新课改中出现了许多全新的理念，如重视学生的个性发展、重视多样化人才的培养、实现学习方式的转变，以及信息技术在各学科中的渗透。

信息技术和课程的整合（Integrating Information Technology into Curriculum）意味着在已有课程的学习活动中结合使用信息技术，以便更好地完成课程目标、培养创新精神和锻炼实践能力，它是在课程教学过程中把

信息技术、信息资源、信息方法、人力资源和课程内容有机结合，共同完成课程教学任务的一种新型的教学方式。一节在网络教室内展开的高一英语读写任务课，充分体现了信息技术和高中英语阅读写作课的完美结合，它改变了传统的教学模式，在丰富学科知识、创设教学情景、优化课堂结构等方面起到了积极的作用，课堂设计流程图见下图。

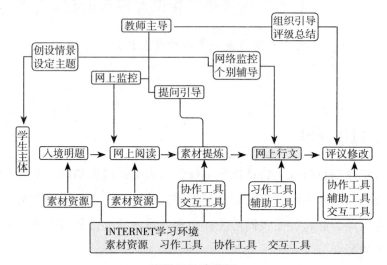

课堂设计流程图

1. 创设教学情景、激发探索热情

高中英语的新课改教程以模块为模式、以24个话题为主要学习内容，涵盖社会、人文、健康、科技、历史、环境保护等方面。在讲述每个话题时，英语教师需要收集、展示大量的教学内容、话题背景，以此来创设一个尽可能完美逼真的全英语学习环境。常规的电教手段，只能按照线性的方式组织各种媒体信息，交互性很差。新课改后，外语教育观念的变化之一是：充分利用、有效整合、积极开发有利于中国学生英语学习的教学资源。如果能创设一个以webquest为平台的网络探究中心，教师就能以网面而不是单纯线性方式组织媒体信息，且师生交互性好。例如，在高中一节英语阅读写作课中，学生的任务是：先阅读有关"5·12"汶川地震后的相关报道，找出有关文物破损和保护的信息，然后写一篇相关调查报告，标题为"Protection of the Cultural Relics after the Earthquake in Wen Chuan"。事先教师以webquest为组织形式，在网络上建立起一个有关"汶川、地震、文物"的英语相关话题的语境，将筛选后的信息进行分类，供学生自主挑选阅读，这即是该节课

的第一个环节"入境明题"。这样，学生能够完全融入与地震和震后文物保护相关英语话题的教学情景中去，丰富多彩、形式多样的背景知识，激发了学生的学习积极性和主动性。这也能有效解决外语学习的特殊性：语言的输入遵循真实性、现实性、实用性的原则，特别需要新资源的引入和应用，为学生提供生动语言、真实语境及有意义的语用练习和使用机会。小小的一根网线，彻底打破了传统课本的局限性，将师生带进了神奇美妙的网络空间。

2. 优化课堂教学结构、启发学生主动参与、进行个性化E-learning

教学的真正目的在于授之以"渔"，因此形成学生自我教育的动力机制和提高学生自主学习的能力显得尤为重要。Internet是世界上最大的资源库，它拥有非常丰富的信息资源。教师为学生创建的本话题信息资源，都是按照学生的认知能力和水平组织起来的，特别适合学生进行"自主发现式"学习，学会自主地在网络环境下进行信息的筛选、整合，并有利于发展学生批判性思维、创造性思维和培养学生的创新能力。

在完成"入境明题"环节后，学生们进入"网上阅读""素材提炼"和"网上行文"三个环节。在传统的英语课堂阅读课上，学生根本无法被提供如此大量的信息资源和资源模式。学生只是被动地在已经设计好的环节中机械地一步步按照要求"操作"，全无半点"自主学习"而言。而在网络教室，学生在教师创建的信息支架平台下，根据自身对该话题的了解情况、英语的水平，查阅网上资料并进行快速阅读，找出其中对自己的习作有用的资料，或者能支撑自己观点的材料，将这些材料用文档记录。此环节既训练了学生快速阅读、快速筛选信息的能力，又让学生亲自体验了什么是E-learning。

3. 促进师生之间的交互、创建以学生为主体的新课堂模式

信息技术和英语阅读写作课整合实施后，教师的角色发生了很大的转变。教师由传统的课本知识传授者、课件制作者，转变为对课程内容进行重构组合的设计者、学习者，学习的指导者及学习活动的组织者和参与者。那么，正是由于信息技术将学生和教师之间的关系进行了调整，将课堂的主动权交到了学生的手中，他们成了课堂的主体。学什么、怎么学、学得怎样等一系列问题均由学生自己去处理和安排。仍旧以"Protection of Cultural Relics after the Earthquake in Wen Chuan"一课为例，在进行"网上行文"和

"评议修改"两个环节，师生的角色发生了微妙的变化。学生进入"写作区"，在Internet环境下进行网上写作，写作区同时也是一个交互平台，师生可以在此以各种便捷方式进行及时的沟通和交流。一方面，教师利用多媒体网络的监看、监听功能，随时查看学生的写作完成情况，及时获得反馈信息；对于请求帮助的学生，可以迅速回复，给予支援。另一方面，学生独立完成读写任务，并将作品发至交流区平台，期待班上其他同学的评价和建议，同时可以随意选择其他同学的作品，真正实现了互批互评。最后将作品发至教师处进行终审。

这个环节相当于传统作文教学的作文批改，但是作文批改的全过程由教师和学生在网络上共同完成，改变了过去只有老师批改作文的方式，而变成"学生互评自改、教师总结评价"的操作方式，充分体现了"学生为主体、教师为主导"的教育思想。

结束语

信息技术和英语阅读写作课堂强强联合之后，整合对传统的教学结构实现了变革：单一由教师作为知识来源的局面被打破、突破了书本是知识唯一来源的限制；学生实现了获取知识方式的转变、学习方式的转变——会利用资源进行探究式学习、自主性学习；师生之间实现了交互性学习模式。突破传统的教师讲授、学生被动接受的上课模式。在这个英语教学活动过程中，教师、学生、教材与媒体等四要素和传统的以教师为中心的教学结构相比，各自有完全不同的作用，彼此之间有完全不同的关系。

社会在发展，人类在进步，新的时代为我们的教育事业提出了新的要求。以计算机为核心的信息技术若能与各学科的课程加以有机整合，确实具有优化教育、优化教学过程等优点，这些优点的集中体现就是能够充分发挥学生的创造性与主动性，从而为学生信息能力和创新能力的培养营造出理想的教学环境，而这样的环境正是培养符合21世纪需求的新型人才所不可缺少的。

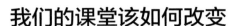

我们的课堂该如何改变

——读《从"洋思"到"东庐"》有感

深圳市龙岗区龙城高级中学英语组　方静

打开《从"洋思"到"东庐"》这本书，很快就被其中质朴的语言所吸引。他们在教学改革中每一步实实在在的探索都蕴含了深刻的教育内涵，这足以引起我们的思考。观察我们的课堂，在我们努力思索如何提高课堂效率的今天，我们究竟该如何改变？

一、课堂上，让学生紧张起来

洋思人提高课堂效率的方法之一是"课堂上，全过程让学生像考试一样紧张地学习"，这种做法，不仅体现了新课标的"自主""互动""实践""感悟""体验""开放"等思想，更实现了教师角色的真正转变。"紧张"是高度投入、心无旁骛、全神贯注、聚精会神的意思。"像考试"是指有考试一样的态度、思想、目标、情感，从而改变了学生的学习方式，提高了学生的学习能力。反观我们的课堂，45分钟的时间，基本上是教师在讲解，教师滔滔不绝，汗流浃背，忙于"耕耘"，可谓辛苦敬业；反之，学生在课堂上却悠闲、自在，可听也可开下小差，可动手也可偷懒，闲得发慌还可打个瞌睡。可能正是教师的这种勤奋养成了学生的懒惰；正是教师的这种紧张态度养成了学生的悠闲。教师的这种敬业不仅没有培养出学生的学习能力，反而使学生养成了被动学习的习惯。因此我们应该转变自己的观念，从改变教师的教学方式开始，培养学生的学习能力，我们都应该思索："课堂教学的过程，到底是教师教的过程，还是学生学的过程？""课堂上是应该让教师紧张起来，还是让学生紧张起来？"这些问题洋思人已经想明白了，我们想明白了吗？

二、课堂上，让学生积极起来

洋思人的"先学后教，当堂训练"中的"后教"是针对学生自学中暴露出来的问题及练习中的错误，教师引导学生讨论，"兵"教"兵"，会的学生教不会的学生，教师只做评定，补充更正，教师从过去"满堂灌"的"第一线"退到了"第二线"，由知识的传授者，变成了学生学习的组织者、引导者。对比我们的课堂，很多情况下大部分学生已对教学中的一些内容有了自己的思考和见解，迫切想在课堂上发表自己的观点，但"舞台"被教师独占，为完成自己的教学内容不舍得放弃做"主角"的权利，而学生只能成为观众，久而久之，学生求知、探究、质疑的热情消退了下去，课堂归于沉寂。所以，教师在课堂上要通过学生的自学，充分放手，尊重学生，鼓励学生畅所欲言，对学生暴露出来的问题，"群起而攻之"，让每个学生都有发言、纠错、表现的机会，让每个学生都积极参与到问题的讨论中去，成为课堂的"主角"才能真正鼓舞学生的兴趣，调动学生学习的积极性。

三、课堂上，让学生勤快起来

洋思中学的"先学"环节是指在课堂上，学生按照教师指示的教学目标及学前指导，看书、练习；"当堂训练"，就是让学生当堂独立完成作业（时间不少于15分钟），进行严格训练，形成能力。这两个环节，真正让学生动起来，让学生勤快起来，使学习变成了学生自己的事，让学生变被动为主动。我们时常抱怨学生懒惰，不愿动脑、动手，眼高手低，听得懂而做不对，为什么学生会形成这种习惯呢？走入我们的课堂，真正留给学生独立思考和学习的时间大多不足10分钟，教师成了课堂上绝对的主宰和霸主。改变课堂上教师的教学方式，把应该让学生动手、动脑的时间还给学生，才是促使学生勤快起来的根本办法。

四、课堂上，让学生自信起来

洋思人提出的口号是："没有教不好的学生"，通过各种方式培养学生的信心，激励后进生进步，调动学生的积极性。相比之下，我们的课堂上对学生的激励和信心的培养还需要相当的努力。首先，我们在课堂上很少让学生发表自己的见解，即使有了较为独特的见解，也难以得到教师激励性的评价，课堂上的评价这一有效促进师生情感交流，提高学生学习热情的方式常常被教师为完成传授知识这一"主要任务"而忽略了。现在我们冷静地思考，就会发现，在我们的思想深处根深蒂固的观念中，传授知识才是最主要的，不容忽视、不容干扰的，在这种观念的支配下，激励学生就显得不那么重要了，自主、合作、探究的学习方式也显得困难重重了。

高中课堂英语写作差异教学过程

深圳市龙岗区龙城高级中学英语组　　赖玉珍

课堂教学的组织形式主要是任务型教学与小组合作相结合。

首先，任务型教学。作为课堂教学的一种活动，具备以下两个特点：

（1）以任务为中心，而不是以操练某种意义不大，甚至无意义的语言形式为目的。

（2）任务的焦点是解决某一交际问题，这一交际问题必须与现实世界有着某种联系，这种联系应该是具体的，贴近学生生活、学习经历和社会交际，能引起学生的共鸣和兴趣，激发学生积极参与的欲望。

在任务型语言教学中，教师要从学生"学"的角度来设计教学活动，使学生的学习活动具有明确的目标，并构成一个有梯度的连续活动。在教师所设计的各种"任务"中，学生能够不断地获得知识或得出结论，从注重语言本身转变为注重语言习得，从而获得语言运用的能力而不是仅仅掌握现成的语言知识点，随着"任务"的不断深化，整个语言学习的过程会越来越自动化和自主化。

其次，小组合作学习。小组合作学习一般指不同水平与能力的学生组成小组，同学间相互合作，满足不同学生的学习需要。对于成绩优秀的学生，教师希望他们能更好地协助教师去帮助其他同学，在帮助其他同学的过程中，他们自身的认识、合作精神、合作能力也能得到提高。同时，基础较为薄弱的同学学会从别人的发言中获得有价值的东西，共同加深对有关学习问题的理解。在合作过程中，学生的集体意识、组织能力、社会适应能力，以及良好的心理品质等得到提高。笔者所教班级人数50人，按学生英语考试成绩、写作情况、性别、学习风格、组内异质、组间同质的原则分成10组，每组5人。每个组有一个小组长，由英语成绩好、态度积极、乐于助人的学生担任，笔者定期召开小组长会议，对他们进行培训，同时向他们了解小组成员的表现情况，及时解决存在的问题。为了鼓励学生积极参与小组活动，笔者设计了小组活动学生评价表，见下表。

小组活动学生评价表

姓名：＿＿＿＿＿＿＿　　　小组名称：＿＿＿＿＿＿＿

项目＼评价	自评	他评	教师评
资料收集			
踊跃发言			
认真倾听与尊重他人			
向他人提供帮助			
完成任务情况			
很好 = 5分，好 = 4分，一般 = 3分，不太好 = 2分，不好 = 1分			

笔者将"差异教学策略"应用于课堂写作的各个环节，通过写作前导入、阅读、写作、修改、互评、展示总结和拓展七个环节，使写作课堂上激起一轮又一轮的思考和讨论高潮，期间每个环节设计都关注学生差异，使学生在轻松活跃的氛围中提高写作兴趣和能力，力求他们的写作能力得到最大限度的发展。具体详见下表。

课堂教学设计

教学环节	教师活动	学生活动	关注差异
一、导入	1.播放美国一段"龙卷风"视频，并在白板上写下问题： ① What happened? ② Where did it happen? 2.用一段文字描述刚才看的视频，给学生时间准备。 3.用PPT展示一段需要填空的描述tornado的文字，目的是巩固，并引入复习重点词汇。	观看视频并思考问题。 学生积极准备，并进行口头练习。 在老师的帮助下，学生更积极地思考。	问题比较简单，提问C层学生，吸引他们的注意力和兴趣。 任务较难，提问表达能力强的A层学生。提问B、C层学生。

教学环节	教师活动	学生活动	关注差异
二、阅读	1. 给学生发一篇描述雪灾的报道，并用完整的句子回答问题： ① When did this violent natural disaster happen? ② Where did it occur? ③ What was the damage of the snow disaster? ④ What was the response to the snowstorm? ⑤ What was the writer's comment? 2. 分类，总结词汇 ① 表达自然灾害发生的词汇。 ② 表达其造成的影响的词汇。 ③ 表达灾后救援工作的词汇。 ④ 可用的连接词、连词和句型。	学生安静地阅读，并完成相关任务。 自主学习与小组合作相结合。	提问C层学生，鼓励用完整句子作答，为下面的写作做准备。 任务1、2提问C层学生，任务3、4提问B层学生。以问题的形式给学生具体任务，同时也给学生独立思考的空间和合作交流的时间，任务链一环扣一环，引领学生理清写作思路，为写作备料。
三、写作	1. 在PPT上展示这节课的写作任务，内容是学生作为记者，为观众现场报道汶川地震的情况和全国人民抗震救灾的情况。 2. 指导学生小组内如何安排任务完成写作。 3. 观察学生，及时提供帮助。	5人小组讨论，组员由组长按照词、句、篇、结构等四方面安排任务。接着由组长执笔完成。	根据任务的难易度安排任务，通过小组讨论、自主探究、合作交流，使每个学生都积极参与、学习，激发了学生的写作动机，帮助各层次学生激活与写作任务有关的知识网络，点拨学生选择与整理素材，共同完成了写作任务。每个学生都体会到成功的喜悦。

守护这一方净土——卓越教师创新路

教学环节	教师活动	学生活动	关注差异
四、修改	1. PPT展示如何修改润色。 2. 走进小组，旁听讨论。	小组合作：组内同学对小组完成的文章，进行篇章结构和内容要点的修改，并关注单词拼写、上下文逻辑、短语搭配、句子结构、时态和人称数的一致性。最后定稿，保证书写漂亮。	整个过程中，学生一直在学写，在自评、小组合作学习中，达成目标。
五、互评	1. 给出评价标准。 2. PPT展示如何对同学的文章进行标注，即用各种符号标出作文中的各种错误，对一些错误提供简单的注释。 3. 引领批改一篇笔者写的作文，这个作文集合了学生有可能出现的错误。 4. 巡视和帮助有困难的学生。	小组作品任意交换，小组互评，不仅指出不足之处，同时还画出作文里的好词好句，并写上评语。	在小组互评里，小组成员各抒己见，群策群力，在讨论的过程中加深了对问题的理解、释放了辨别正误信息，互相学习，达到培优补差的效果。
六、展示和总结	1. 在教室的学习园地粘贴10个小组的作品。 2. 让小组投票评选。 3. 让小组选出代表来总结本次写作的情况、重点难点，强调好词好句的使用及点出常见错误。	10个小组评选出最佳3个写作小组和两个最佳评价小组。小组积极做出总结。	评价的环节使小组有机会向全班展示本组作品，获得表扬的小组，更能注意到自己的存在，同时别的组也能获得鼓励。写作后的评价总结再一次巩固了写作知识。
七、拓展	设置问题引导学生通过自然灾害，形成初步的安全意识和对自己生命负责的意识，再升华到培养学生关爱他人、奉献爱心的责任感。	自由讨论，各抒己见。	要求学生语言能力较强，提问A层学生。此环节鼓励学生去完成预习的发展性作业，体会到成功的喜悦。
八、布置弹性分层作业	PPT展示课后弹性分层作业1、2、3。	学生独立思考。	学生根据自己的能力选做适合自己的作业，使每个学生的能力都得到最大限度的发展。

基于小组合作的差异教学的课堂写作、修改和互评活动，如下图所示：

学生作品展示如下图所示：

布置分层作业和作业评价中的差异教学

1. 作业分层布置

作业分层次布置，打破了传统作业设置的"大水漫灌"，变整齐划一、机械重复为灵活多样，让学生根据自己的实际情况，有所选择，在各自的基础上都得到进步。

写作课前的作业，是对写作课的准备，学生自主学习、收集整理相关资料。这有利于学生学习新知识，做好知识技能的准备。教师给学生提供一些自学的提纲，有利于学生更快地接受新知识，同时还可以培养学生自学的意识和能力。教师对课前作业的反馈，可以更好地了解学生对要上的课的课前准备状态，在课堂上可以有针对性地通过学生互助或教师提供辅助材料等来帮助他们在课上及时解决困难。

笔者以环境保护（自然灾害）话题为课例。课前要求学生上网搜索有关自然灾害的英文资料，并完成表格填写。如下页表所示。

写作课前预习作业

作业	任务	题目	内容
基础性作业	1	自然灾害的种类	
	2	描述"袭击，造成的后果"的词汇	
	3	"灾后工作"的词汇	
提高性作业	4	常用的连接词和句型	
	5	可运用的高级句型	
发展性作业	6	如何帮助受灾群众	
	7	如何在自然灾害中逃生	

写作课后巩固作业

基础性作业	写一篇描述某种自然灾害的作文，内容包括灾害发生的时间、地点、造成的影响、灾后救援工作，加入适当的连词和连接词（100词）。
提高性作业	1.写一篇描述某种自然灾害的作文，内容包括灾害发生的时间、地点、造成的影响、灾后救援工作，加入适当的连词和连接词，并灵活运用非谓语动词做结果状语，尽量多运用高级句型，如倒装句、名词性从句。 2.在作文里记叙发生在灾害期间的感人事迹（150词）。
发展性作业	设计一份海报，内容如下：tips on how to survive a natural disaster and how to help people in the disaster-striken area.

由于实验的需要，笔者根据50名学生的学习状态将其分成三层，A层为优等生（12人），B层为中等生（26人），C层为后进生（12人）。所有学生都要求完成基础性作业，从而达到基本要求；提高性作业和发展性作业，学生根据自己的情况选做，建议B层学生做提高性作业，A层学生做发展性作业。

2. 作业评价中的差异教学

英语作文的实践性强，学生的作文较全面地反映了学生对英语知识的综合运用。教师在英语作文评价中实施差异教学是非常必要的。笔者评价学生的基本原则是对于作文成绩差、有畏惧感的学生，采取表扬评价，寻找、肯定他们的点滴进步，让他们品尝到成功的喜悦，从而消除自卑；对于中等水平的学生，采取激励评价，找出问题，指明方向，促使他们积极向上；对于作文成绩好、自信心强的学生，采取我竞争评价，坚持高标准、严要求，促使他们谦虚努力，更上一层楼。以下三点是笔者在英语作文评价中实施差异教学的做法。

首先，改变单一的评价方式，避免学生的作文上只出现一个分数或等级。在学生的作文评价中，笔者不仅通过师生共评、学生自评、互评等形式丰富评价的内涵，而且从英语作文的特点出发，从内容、逻辑性、语法运用、拼写与标点符号、书写五个方面对学生作文进行评价。使学生能较为清楚地了解自己的优势与不足，同时也促使笔者更全面地分析学生作文。下表为学生自评、互评的评价标准。

学生自评、互评的评价标准（作文总分25分）

语言	句子结构	完全准确4分，少许错误3分，较多错误2分～1分。
	语法	准确4分，少许错误3分，较多错误2分～1分。
	词汇	高级词汇4分，词汇一般2分～3分，词汇不当1分～0分。
内容	要点	全面6分，遗漏个别4分～5分，遗漏较多0分～3分。
逻辑性	结构紧凑和连词	0分～4分。
书写方面	标点符号、拼写、工整	美观3分，一般2分，较差1分。
用"＿＿＿"画出好的句子，用"＿＿＿＿"画出错误的地方，并纠正。		

其次，在了解和动态掌握学生能力差异的基础上，将等第评价和有针对性的教师评语相结合，以学生作文为载体，加强师生之间的情感交流。就作文A Natural Disaster而言，绝大部分学生能较准确地表达自然灾害发生的情况，基础好的学生还能运用一些高级的词汇和句型。笔者发现有个C层的学生竟然还用了倒装句型Not only was the electricity cut off, but also the buildings and bridges were collapsed. 于是我把这句话用波浪线画出来，写上评语：你的语言运用能力上了个档次，高级的倒装句你都能正确地运用，用在这个地方很妙。同时，注意到这个学生的涂改比较多，于是又添了一句：如果你的作文能更整洁一些，那你的作文分数也会高一些。有时，笔者会在学生的作文上画出笑脸来表示对他们努力的赞许或者传递出我欣赏他们作业时的心情。

最后，在课室后的《学习天地》展览5名学生的优秀作文及5名进步最大的作文。作业展览既是师生交流又是学生之间相互欣赏、相互品评、相互交流的平台。同时，通过作业展览，既增强了学生的自信心，培养了学生的成就感，又能督促和激励学生认真对待作业。

参考文献

华国栋.差异教学策略［M］.北京：北京师范大学出版社，2009.

高效用脑，科学用脑

深圳市龙岗区龙城高级中学英语组　罗霞

　　美国西雅图太平洋大学应用学习研究脑中心主任约翰·梅迪纳曾在他的著述《让大脑自由》中介绍过科学用脑的12定律，其中定律5、6中提到短期记忆取决于最初几秒，长期记忆取决于有规律的重复。若能做到高效记忆，将在学习备考中达到事半功倍的效果。那么，如何有效并高效地将所学的知识记忆下来呢？

一、有效地记忆

　　记忆的基本过程是由识记、保持、回忆和再认三个环节组成的。识记是记忆过程的开端，是对事物的识别和记住，并形成一定印象的过程。保持是对识记内容的一种强化过程，使之能更好地成为人的经验。回忆和再认是对过去经验的两种不同再现形式。记忆过程中的这三个环节是相互联系、相互制约的。识记是保持的前提，没有保持也就没有回忆和再认，而回忆和再认又是检验识记和保持效果好坏的指标。由此看来，记忆的这三个环节缺一不可。记忆的基本过程也可简单地分成"记"和"忆"的过程，"记"包括识记、保持，"忆"包括回忆和再认。

　　回忆是在一定诱因的作用下，过去经历的事物在头脑中的再现过程。如在回答教师的提问时，学生要把头脑中所保持的与该问题有关的知识提取出来，这种提取过程就是回忆。

　　回忆可以分为两大类：根据有无目的性可以把回忆分为有意回忆和无意回忆。有意回忆是在预定目的的作用下对过去经验的回忆，如对考试内容的回忆。无意回忆是没有预定目的，自然而然发生的回忆，如触景生情等。根据有无中介因素参与回忆过程可把回忆分为直接回忆和间接回忆。直接回忆是由当前事物直接唤起的对旧经验的回忆。间接回忆是借助中介因素而进行的回忆。从难度上看，间接回忆比直接回忆难度要大。

二、卡皮克记忆理论

美国普杜大学（Purdue University）认知与学习实验室（Cognition and Learning Laboratory）的青年学者杰弗里·卡皮克（Jeffrey D. Karpicke）博士在《科学（Science）》杂志上发表论文《提取（Retrieve）在学习中的关键作用》，通过实验证明重复学习对延迟的回忆（一周后）没有效果，但重复测试（Repeated Testing）则能在很大程度上促进回忆，提取是测试中最为关键的环节，因此提取对巩固学习具有非常重要的促进作用。文章以其结论发端，交代了卡皮克博士的观点，即"重复测试"有益于促进回忆，而"重复学习"则效果甚微。

卡皮克的研究结果将记忆的提取作为一个十分重要的学习过程来看待。包括他在内的一批人专门设计的实验主要围绕三个问题而展开，即①在信息可以从大脑中回想后，研读和测试对长时记忆的影响如何？②学生对一周后的记忆效果能否给出准确的预测？③学习的速度是否会影响长时记忆的效果？卡皮克等人的实验对象是大学生，实验内容是词汇（"斯瓦希里语—英语的词汇对"记忆）。这一研究的结果显示，测试能够增强长时记忆，而研读对增强学习帮助不大。而且，在对记忆保持的预测方面，相差不大。另外，信息的遗忘速度与学习速度关系不大，也就是说，学习的速度不易影响长时记忆的效果。

高中英语教材（外研版）必修二第三模块"Music"，Reading and Vocabulary部分的知识目标是掌握有关音乐的生词和短语。对于这一部分陈述性知识，我们按照"学习—反复提取"的方式进行了如下教学设计：

我们在两个平行班里进行了两种学习方式的对比实验。A班依然沿用之前的重复学习、精加工的方式来学习这一部分内容，B班采用"学习—提取"的方式学习这部分内容。一周之后检测。

A班由老师讲解生词及词组的用法，学生聆听并记笔记。课后，反复研读笔记并完成配套练习。

B班由学生研读讲解生词及词组用法的学案，研读结束，随即完成配套练习。下一次课上下发一张小试卷测试前一天所学词组。测试结果不理想的同学当天晚自习进行第二次测试。极个别测试结果不理想的同学第三次课上再进行测试。

一周后，进行该模块词组默写，结果差异明显。A班（52人）20个词组全对的同学1人，默写正确18个及以上的5人，默写正确12个及以上的20人，默写零分的人数为2人。B班（56人）20个词组全对的同学23人，写对18个及以上的45人，写对12个及以上的56人。

事实证明，卡皮克记忆理论在高中英语词汇学习中有着非常好的效果，能够极大地强化学生的记忆。

三、启示及思索

科学用脑定律中表示"长期记忆取决于有规律地重复"，通过卡皮克记忆理论我们可以发现，"重复"也有科学的方法。在学习生活中要不断反省与改进学习方法，只有掌握了科学的、有效的方法，我们才能进行高效的学习。

第二章

教育的事

爱与不爱之间

深圳市龙岗区龙城高级中学英语组　方静

在校园内外见到朋友们，都说教高一轻松了，我似乎也没有过多的感触。每天感慨的是怎么一个星期过得如此的快？周三的晚修任务一完成，就预示着一周即将结束了。真正是匆匆太匆匆。

前天是感恩节。由于教的是英语，传播英美传统文化是我义不容辞的责任和义务，故上课先简短地介绍了一下有关感恩节的来历。一时兴起，干脆展开了话题，和学生聊了起来。谈到了他们的爸爸妈妈周末准备一桌丰盛饭菜等待儿女回家；谈到老师认真批阅每一份作业，还附上评语建议；谈到宿舍阿姨无微不至的照顾；谈到张佳玮的成功也有班上同学平时关心照顾他的力量；并建议同学们感恩周遭的一切生命，感恩一切爱着他们的和他们爱着的。

其实我很喜欢和他们借题发挥的，谈过奥巴马、索马里海盗、台湾的阿扁、三鹿奶粉、班上的"八卦新闻"、读了某本书的反思、生活的烦恼等。在点滴市民生活气息中，交流是一座桥梁，连接着师生的情感，划定了爱与不爱。

前三年一直留守在高三，忙碌中有得有失。留下的主要回忆是和学生们的短信交流。最开始给我发信息的是2006年的立钊。我至今还记得很清楚，有个周六的晚上，他给我发来一条信息："方老师！要是爸爸妈妈吵架不要我了，你收下我吧。"那时好像是4月底，马上快高考了，立钊是独生子女，家庭条件很优越。我觉得担心又觉得幼稚好笑，回信息安慰了几句，似乎当时仅仅是一种敷衍。可是小钊从此后，对我格外的信任。现在他已是大三的学生了。这两年多来，他经常给我发信息，聊聊大学的生活，有时把用英文写的市场调研报告发给我提提建议。说句实在话，我哪里懂啊？呵呵，可是心里还是热热的——他心里有我啊。今年暑假，他将女朋友带回，全家请我和老公在彬源喝早茶。看着这个三年前还未曾涉世的孩子如今成熟稳重，我庆幸那时我发出了短信。否则，这爱与不爱，谁能知道结果的不同？

到了2007届，学生们好像特别喜欢发信息给我。那年高三平时成绩第一、独孤求败的鹏翔，在临近高考的冲刺阶段，出现了成绩的反复，他觉得压力很大，对自己的复读患得患失。五月初的那几个晚自习后，我都能准时收到他发来的信息。我知道，这是他解压的一个途径和方法。虽然我无法改变他的内心，但是至少能做一个倾听者，守着一份信任也是好的。再后来，他去了上海，选了双学位，暑假创业开办了高考补习班，等等，或远在天涯，或奔波于生计，一条简短的信息，这已足矣。

从此，我不敢轻视学生们发给我的任何一条短信。漠视，也许会伤害一颗炙热真诚的心；关爱他，就尊重他的短信，也是尊重自己。武汉的龙龙受不了国防生的严格纪律和训练艰苦；北京的小邱感慨首都文化底蕴的博大精深；深大的莹莹顺利进入"改革开放30年和中国大学生教育"英文演讲赛决赛，感谢我改的稿件，准备周末回龙岗请客；警官学院的小抒问我何时有空到惠州他家做客；华师的胖丫头彭彭要准备写教育论文了，咨询一下我的建议；自称到华工钓金龟婿的思琪至今没有男朋友；地质大学的飞龙17岁就远离爸妈独自求学，生活难以适应，天天想洗澡却难耐严寒；远在美国的建华、相如远隔万水、思乡心切……在空中飞来飞去的短信，使我和我龙城三年的学生们紧紧相牵，五湖四海，天南海北，心心相连。短信的交流，我已不再是他们的老师了，似乎是大朋友、是心理咨询师、是万事通、是大姐、大婶、大妈。我感受到了他们从高中生到大学生到社会的人的裂变；感受到了他们成长中各种思想、信仰、人生观、世界观带来的冲撞、彷徨，甚至痛苦；感受到了他们在人生十字路口取与舍的焦灼、犹豫。

也许正如我们办公室的哲学家"东格尔（黑格尔）"老师说的那样：他们还没有度过高中阶段到大学阶段的精神断奶期。好生动形象的比喻啊，呵呵。但是，我愿意扮演这样的角色。试想，在每个人人生的关键时刻，都能有一位朋友，默默看着他/她的成长、分享他/她的喜怒哀乐，也是很幸福的事啊。

我读中学时，班长教会全班一首歌："朋友啊朋友，你可曾想起了我。

如果你正享受幸福，请你忘记我。朋友啊朋友，你可曾记起了我。如果你正承受不幸，请你告诉我。"虽然歌唱者近期锒铛入狱，但是歌词却多年来印在我心间。我的成长历程中，妈妈是我的良师益友。现在我已羽翼丰满，独立自主。妈妈也已退休，走下三尺讲台，我继承教书育人的神圣使命。我希望我的学生也能像我当年，有一位妈妈似的老师好朋友，我更愿意这个人就是我。记得那年刚参加工作，老妈问我：什么是人间大爱？不一定是救灾献血、勇斗匪徒、检举揭发、挑战权贵。我们普通老师不可能碰到那么多典型的事例。那么，质朴、认真、天然、不勉强自己的去关爱学生的成长，把他们当作一个个成长的人，能做到这些，就已足矣。

我会的。我的短信，我做主。

一封学生来信引发的讨论

——对于学习，我为何这么"木"

深圳市龙岗区龙城高级中学英语组　方静

肖老师：

　　您好！

　　我是一名高中生，学习任务很重，老师教学进度很快，使得我都忙不过来了。我很勤奋，很想学好，但就是学不好，特别是理科方面。每天晚上我总是学到一两点才睡觉。我也知道这样效果不大，很想把学习方法从粗放型向集约型转变，但就是不知具体该怎么做，成绩才能有所提高呢？虽然我脑子不是很好，但我很刻苦，我不怕苦的。谢谢！

　　肖老师，您能帮帮我吗？不然我就愧对父母了，愧对所有关心我的亲朋们了。

　　　　　　　　　　　　　　　　　　　　　　　　　　　　　林娟

林娟：

　　你好！

　　曾有许许多多的中学生，问过我同样一个问题："我学习非常刻苦努力，简直是分秒必争，可我的学习成绩却为什么老提不高呢？难道勤奋对于学习来说不重要吗？"

　　每当此时，我总要反问他们一句："你是真的很勤奋吗？"

　　"怎么不是呢？我几乎把所有的时间都用来学习了，每天晚上都要学到12点，难道这还不算是勤奋吗？"他们诧异了。

　　"未必"，我仍摇了摇头。

　　他们眼睛瞪得更大了，他们想象不出按照我的"勤奋"标准，他们开夜车得开到夜里几点，甚或是连觉也不睡了？

其实，我评判一个学生是否"勤奋"，绝不看他在学习上"耗时"的多少，而要看他"耗脑"的程度。

记得以前我在中学代课教数学时，班上有位女生学习非常"勤奋用功"（暂且先用这个词），她上课紧盯着老师的一举一动，手中的笔还不停地记着，回家以后除了吃饭睡觉就全都用来学习了。然而即使这般努力，可她的数学成绩却总是不灵，时不时地上演"红灯记"。

有一天，我指着考试卷上她做错的一道题，问她为何采取这种错误的做法时，谁知她一脸困惑地反问我道："不是您这么讲的吗？"我没料到她会这样回答！不是因为"我是这样想的"，也不是因为"根据某某定理"，而是因为"你老师是这么讲的"。我当时真不知道是为拥有这般"听话"的学生感到"自豪"呢，还是感到"可悲"呢？于是我又重点地观察了她一阵。我发现在课堂上她把自己的全部精力都放在对老师所讲的抄写工作上，整个课堂完全绕着老师的舌尖转，让我的思想在她的头脑中"跑马"了。结果，数学这门最需要学习者脑力劳动的科目，在她那里变成了"手力劳动"和"眼力劳动"，因而难怪总是入不了门，开不了窍呢？

有许许多多每天都在耗时费力地学习的学生，他们的情况与上面的学生完全类似，抄笔记，看书上的题，死背定理定律，看起来挺忙，实际上在学习中他们有一个致命的"弱点"，那就是懒于思索。然而思维在学习中是居于核心地位的，学习而没有开动自己的大脑，几乎等同于没有学习，就像吃东西不咀嚼一样。所以对这类学生的所谓"勤奋"，我一概不予承认，至少我认为他们算不上真正意义上的勤奋。

在学习中能否敢于动脑、乐于动脑、善于动脑，就成了其学习能否成功的一个最为关键的因素。反过来说，要想学习成绩居于优势地位而又懒于动脑，就如同练游泳的想要拿冠军却很少下水一样荒唐可笑。某位全国物理竞赛一等奖获得者曾说道："我最重要的经验是注重想，而不是注重看。"另一位全国数学大赛优胜奖获得者也说道："没别的，我就是想得多一些。"每个学生都愿让自己的学习成绩不断提高，那么就请你先从勤于思考开始吧！

学习的关键在于实践了多少，而不是用时间来衡量的。所以，请你努力调整你的学习态度和学习方法，跟上老师的教学进度！加油！

肖峰

　　大家好！感谢你们把我当作好朋友，和我沟通、交流。有时觉得，我要是能帮点什么就好了，让大家不那么累，不那么焦虑。其实，我自己也是从你们的今天一步步走过来的。读书，和别的事情一样，首先讲究的是那么一股灵气，在最少的单位时间内出最大的效益，自己不累，戏又唱得好看。再有，不要对自己要求过高，看看小方，从未对大家提出过任何过分或难以达到的要求，但是我们似乎还学得不错，呵呵。心态好，什么都好。

　　日子过得很快，高三的365天在日历上几次考试就能轻轻代表——惠州一模，深圳一模，惠州二模，广州一模，深圳二模，广州二模，学校自模，高考。春节后的三个多月，集中了几乎所有的模拟考试，还有高考报名、体检、填志愿、口语考试、分别留念照相等一系列活动，坐在教室里静静听上几节课都变成十分奢侈的愿望。所以，大部分基础知识的再认与巩固都要在年前基本完成。一般来说，数学和英语的成效是很缓慢的，时刻不能放，真正实在要放也是明年5月份。而有些科目是可以通过最后三个月突击猛攻一下的，当然并不鼓励大家这么做。

　　8月4日开学，到今天已经快三个月了。每天超负荷的脑力劳动让我们心力交瘁。似乎要有点什么"噱头"让我们兴奋一下才好——到处充斥着沉闷，压抑的气氛。让我们看到自己的成长，看到自己的进步，看到付出的回报，看到喜悦，看到充实后舒心的一笑，看到老师的满意、家长的祝福。但是，好像很久很久了，啥也没有，啥也没发生。每天就这么三点一线的莫名其妙地过着。

　　终于，惠州一模来了！除了9月17日我们自己学校组织的一次月考，还没有一次大型、权威的考试。是看得太重，还是太轻视？好像都有点极端吧？内紧外松，从容备考，才能看到自己的成长，看到自己的进步，看到付出的回报，看到喜悦，看到充实后舒心的一笑，看到老师的满意、家长的祝福。

　　既然选择了，就做好吧。当某天风轻云淡，蓦然回首，往事了无痕，但也曾历经沧海。这一段路上，有欢笑，有泪水，有他，还有她，多好！

小方

剩下70天我们能做些什么?

深圳市龙岗区龙城高级中学英语组　方静

深一模、广一模之后，我发现班上开始弥漫着一股非常压抑的气息，有的同学开始怀疑自己的能力。看了几个身边的同学，我开始发现一些同学学习方向好像不太对，尽管学得比任何人都多，但其实真的是做了很多无用功，每天只是想着要把老师布置的作业完成好，每天要做多少练习，其实一天下来学的东西对试卷的分数只有那么丁点贡献，剩下70天，如果还是继续这样下去，那么高考的分数根本不会跟这两个一模有很大差别，剩下的时间我们就是要高效学习，做的每一道题都要给自己的高考增分，那该怎么做才行呢?

一、数学

《走向高考》你搞定没? 如果没有，一定要过一两遍，因为那是基础，基础没打好，后面想建高楼是不可能的，看着目录一个一个过，如果知识点不清一定要搞清，一旦高考你遇到的都是一些你不懂的知识，你还能冷静地把数学试卷做完吗? 不可能的事! 这次深一模我就深有体会!

绿皮是很好的提高练习册，里面的例题堪称经典中的经典，宁愿少做几张试卷，都要把里面的例题搞透，做试卷，你可能只是对试卷的结构有了进一步认识，但是绿皮的例题不一样，你把它搞透了，可能就会给你带来十几分的收益。觉得我在骗你吗? 我给你分析一下，倘若把函数那一章节的例题都自己完整地做一遍，选择可能有5分，函数大题14分，加起来那分数多诱人啊!

怎么搞透例题呢? 首先你必须搞清题目要考的是什么，理一理思路，然后才下笔做，做的过程坚决不要偷瞄答案，一口气做到尾，真的是卡住的话，这时候你就得偷笑了，因为你可以在这里捞分了！看答案切忌看每一个细枝末节，因为那对你的分数提高没有多大帮助。如果是看函数得分类讨论，你就看它是根据什么来分类；如果是讨论根的个数之类的，你就得看它是围绕什么讨论根（如对称轴之类的）。看了大概思路之后，再完整做一遍，一定不要边偷看答案边写过程，如果是这样，你干脆不要写了，因为是耗费时光。写的过程很痛苦，但是要知道这些痛苦是在帮你一分一分地往上爬，而那些平时追求的习题的量是虚的，因为对高考的分数一点用都没有！

还有一点关于数学的我想说，坚决拥护小勇的分块学习思想！还记得那个周末小勇叫我们做三角函数五套、倒数五套么？星期六那天，我抱着试试看的心理，先写了三角函数，没感觉（估计是因为自己已经懂了，所以没感觉），接着写函数题，第一套，不错，第二套，我卡住了，我翻开答案，研究了它的答题思路，盖上答案，我把那一道函数题完整地写了一遍，那个爽啊！接着，我一口气把剩下的三道都做完了！天啊！我发现自己成神了！我想这就是分块学习的秘诀！那时候我以为班上的同学都跟我一样，但是最近我发现不是这样的，很多同学根本就没有试过一次性写完五道倒数题，五道题，被肢解成几个时间段写，其实这样一点用都没有，你要想在一块知识点上有全新的认识，你就必须这样搞，一团一团地搞！而不是这下一两道，那下两三道，没用！高分怎么得来，就是这样来的！不一定需要大量习题，最主要的是你能够在一块时间里面找到那一块知识点的奥秘！

二、英语

英语好有心得啊！想当年我是看英语必睡的人，现在也能摸到套路，还真的要感谢小方的指导！小方可没有私底下给我传授密功哦！是我自己悟来的，嘻嘻！还是不吹水了，转入正题。

首先，要重视小方给我们发的一些关于英语学习的专家的文章（也包括小方的自创品），比如我们深一模一结束小方发的如何对付阅读的一份材料，我看了之后真是受益匪浅啊，再如那个李老头的采访啊，看了之后我也有升华的感觉。有时候宁愿少做点阅读，我也一定会认真地研读这些结论性的文章，这对我们的学习方向和方法很重要。

其次，分析结构很重要。这点对语法填空特有好处，不是蒙你的，我自从开始练习分析句子结构，我就超爱做语法填空题，一旦爱上语法填空就一发不可收，像小方说的，做一种类型的题目来带动其他类别，我个人是用语法填空带动完型和阅读的。

最后，我想是最重要的，做完题之后一定要回去把文章分析个一两遍，我很记得深一模之后，广一模之前，我就是这样子对待测试报上面的题目的，真的，感觉一级棒！有时候我甚至会在阅读中着迷，这在以前是不敢想的（想当年我是用英语阅读催眠的）。

三、综合

之前我曾经说过一定要看课本，如果你看了，恭喜你，你肯定是心里有底的了，如果你没看，没关系，你还有补救的机会；如果你真的不想看，我还可以告诉你一条我们踏出来的捷径。

善用《45套》，我问过一些同学，做了几套之后有啥长进没，结果是，一般般。怎么能够一般般呢？要知道我做了两套之后就感觉自己又捞到几分了，差别在哪里呢？做了好多套没啥感觉的同学肯定是平凡无奇地做完一套，对答案，懂了，过……问题就是出在这里了，你以为你懂了，其实你啥都没懂！！做完题对答案没错，但是你对完答案之后没有回到书本上找对应的知识点就大错了。比如，综合考卷第二套有一道地理题是关于气候类型的，答案只会告诉我那为什么是热带沙漠气候，如果我看了答案之后就过，那我就只知道关于热沙的一点点知识，下次如果考到热带草原气候，我又不懂，下次又得看答案才能了解到，这样下去要多少时间啊，我们只剩下70天了，没时间这样子折腾！现在应该是看到一道错题，就去书本或者学案上找知识点，把知识点在错题本上巩固，这比你贴一百道题目在错题本上要管用得多，而且涉及面要广得多，我们不能保证36套综合考卷能把要考的全部东西都考到，但是一块块的知识点肯定是大部分涉猎到了。

四、语文

前面的选择题很关键，也是语文各个题目中最容易攻破的一块，你想想，我们之前考的那些基础知识你有订正过吗？或者有没有时时看看呢？选择题3分，这可是个不小的数目啊，后面一到阅读题要写多少字才可以换回来啊，而且还是不一定拿得到分的那种，为什么就不肯花点时间抓住那些可以抓的分数呢？

阅读要像老师说的，要弄懂每一段它要讲啥，这表面上没啥作用，实际上对我们做题的准确性很有帮助，其他地跟着老师就行了。

五、化学

不要放弃它，因为它可能是目前对我们高考总分贡献最大的科目。化学的学习方法，跟星星的差不多，我们两个研究出来的，当然一个鼻孔出气，大同小异……

以上是分科谈，现在我想说说我们整个冲刺过程中或者考试期间需要做的事情。

1. 做题（检测）+总结（反思）+做题+总结+……

小方说的一段话我觉得很有道理，我们做题只是为了检测自己学得怎样，不能给我们提高多少，真正能够提高我们能力的是总结反思阶段，比如英语阅读主旨大意题，为什么我们一做就错，主要原因是我们做完大量这种题之后没有总结这类题的规律，等着小方讲么？没用，这样学习很被动，而且学习得也不牢固。如果是自己把这些题分类，然后总结，总结之后再做题检测，检测再总结，这是良性循环，如果做了错题就以为自己是做的题太少而去大量做题，只会恶性循环，最后就会产生厌恶感，那还学啥！所以一定要总结！英语是这样，数学、化学、综合、语文都是这样！

2. 舍弃精神

星星她跟我说过，她姐姐在高考之前数学没有上过100分，但是高考却考了117，这是为什么呢？她姐把秘诀告诉了她，就是要舍弃！她姐目标是110，所以她考前就跟自己说，自己坚决不打最后两道题的主意，不打选择题最后一题的主意，所以高考的时候她姐姐就只写了后面两道大题的第一问，她甚至连后面一问问的什么都不知道，由此可看出她铁定了心要舍弃的。而我们呢？做到最后一道选择题不会，天啊，世界末日啦，后面的题都没有心思写了，连最简单的三角函数题都可能会被这道选择题害得没掉，不仅得不偿失，甚至啥都没得到！如果我们的目标是120，那我们是不是也要懂得舍掉点东西呢？但是如果只是嘴上说：我有舍弃啊，大题我都没做。心里面却在考试期间老想着那道自己没做出来的题，这是哪门子的舍弃啊？如果能够做到平静对待不会做的题目，仔细检查会做的题目，分数会差到哪里呢？对不？其实我们的高考题多是基础题，如果基础题全捞到分，中档题尽量不失分，高档题能冷静对待的话，120不是遥不可及的。

3. 与同伴多分享自己的成果

我们班上坐的都是同伴，虽然有排名，也可说得上是竞争对手，但是别忘了，在我们之外还有几十万人在跟我们同时努力着，别吝惜你的学习经验和学习技巧，这不像分苹果，分走一半就少一些，知识这东西与他人分享了之后还是有这么多，如果大家一起分享，那我们多了多少知识啊！

这一点我也是深有体会，我和星星两个人很喜欢凑在一起研究学习心得，我们爱听对方的学习方法，也爱给对方分享自己的学习方法。讨论之后发现我们都聪明了不少啊！像烂谟兄说的：只要我们愿意，我们可以一起上中大！一个班的学生若都能够向班上分享自己学习的好方法，那这必是一个向上的班级，班里相处得和谐，气氛宜人，学习起来也不会感觉到周围空气闷热了。

4. 培养"不以物喜，不以己悲"的良好心态

深一模考差了，还有广一模，当广一模没了，我们是否是世界末日了呢？错！我们还有高考啊，我们要庆幸自己不是在高考栽跟头，所以不要花太多时间伤心了，因为这关头轮不到伤心的份了，要想自己在高考那天不重现这次的惨状，你就得从现在开始振作。唉声叹气，有用么？没用！那为什么又迟迟不肯丢掉这个包袱呢？放下包袱，我们在70天内创造出奇迹！让每天进步一分不再是梦想！

六、我的感想

这次我和星星广一模都进步了，但是我们却发现自己没有想象中高兴，因为周围退步的同学都埋着头，不愿说话，没心思学习，那只有我们两个进步有什么用呢？假设全班就你一个人上了大学，班里其他人都回去耕田了，你做何感想，你还会觉得自己很得意？你会觉得高三值得珍藏么？我想很难会有。我们不希望以压低他人来提升自己，因为这样得来的满足是毫无意义的。我希望上了大学，向别人提起高中，我可以自豪地跟他们说我们非常三甲二是怎样手牵手一起迎接高考的，我可以骄傲地说我们非常三甲二是怎样肩并肩一起走向明天的！非常三甲二，加油！

高三甲（2）班　梁文红

2008年3月22日晚

我和我的"问题少年"

深圳市龙岗区龙城高级中学英语组　方静

镜头一：

下课铃响了，我慢慢收起课本，问了一句：Any problems? OK, have a break.孩子们作鸟兽散。毕竟是才刚刚进入高一的新生，不像去年教高三时，几乎每节课间10分钟都像回答记者提问一样，被学生们"围追堵截"。这时，小贤举着书跑到了讲台上："小方，这个单词怎么读咧？"我一听，马上口若悬河一通："要学会问问题，不要连这么简单的读单词的事情也要来问老师啊。要学会查词典，要学会自主学习……"小贤嘴巴张了又合："知道了，老师。"

晚上在家做家务，短信来了，是小贤的："小方，我们班好多同学都和我一样，以前没有学过音标。现在高一的英语书一个单元那么多的单词，学得好辛苦啊。能不能帮我们讲讲音标啊？"

反思：以学生为中心，以学生的发展为中心。我没有做好自己从高三下到高一的心理衔接工作，凡事自己想当然，对班上孩子的英语现状也没有做一个仔细的调研，即妄下结论。以为他们和高三的学生一样，对英语已有基本的了解和认识，能自己处理很多问题。

措施：将此信息传达给全年级英语备课组，在学生中展开问卷调查，得知他们最迷惑的是音标和句子结构。备好学习资料，从此一劳永逸，单词和句型不再是提问的重点区。

镜头二：

这节是复习课。我在座位间穿梭。快期中考试了，我精心给学生们准备了一些词汇练习和作文范文，供他们复习使用。这可是他们进入高中的第一次大型考试，孩子们都很重视。小刚举起手来："小方，是不是把你给我们的资料都背了，我就拿到90分？"太幼稚了！我心中一股无名之火冉冉升起，不禁提高了嗓门："你以为还是初中生呢！怎能死记硬背？高中强调的是能力！"小刚缩回了手，口中嘀咕："过去都是这样啊。背一背单词、句型，就可以拿高分。"

反思：授人以鱼，不如授人以渔。陶行知曾语，"教是为了不教"。在英语教学中，教师开展学法指导是十分必要的。学法指导得好，教学会取得事半功倍的效果。平时我的课堂，一味地注重知识的传授和讲解，赶进度、完成课本教学任务。竟然很少放下书本，和学生好好地聊一聊什么是高中英语、如何学习高中英语。若不是小刚一语惊醒梦中人，我不知还要错误到何时。

措施：第二天的英语课堂，我给学生朗读了一篇文章"How to learn English"。再将过去毕业的学生写的关于学习英语的感悟展示给他们，我谈到了单词的积累，谈到了多读课外文章，谈到了听听英文歌曲、看看英文电影，谈到了多和外教接触、锻炼口语，谈到了准备一个摘抄本，谈到了deal with English with English等等。看着孩子们恍然大悟的样子，我庆幸，我没有错得太远。

镜头三：

Unit 4, Module（Ⅲ）是一篇科普说明文，文中充斥着若干难读生涩的词汇。一节课讲下来，是我一人的独角戏，学生们昏昏欲睡。下课走在走廊上，惘然若失。小明拦住了我："小方，这课文好boring哦。能不能讲点别的？讲奥巴马？讲NBA？我特熟。"又一个"问题少年"！小小的脑袋里装着无尽的new ideas。好建议。

反思：教无定论、一纲多本。课改多年，我还是穿着新鞋走老路。到底是教教材，还是用教材教？二期课改的核心即改变教师的教学方法和学生的学习方法。教师的教学方法和模式、手段和策略都要有全新的改变，以适应新形势下教学的需要。尤其是英语的课改，提倡的是一纲多本、资源重组——在高考考试说明的统一指挥下，课文的题材更加新颖，内容和难度明显增加，单词和词组涵盖更广。

措施：引进"Chinadaily.com"的"双语新闻"栏目；引导学生每周观看一部中英双语电影，并写下读后感；老师订阅北师大版本、上海牛津版本高中英语教材作为话题辅助资料；开英语时事课，谈谈Obama的从政经历、说说当前的金融危机、议议索马里的海盗根源……孩子们的词汇量扩大了、阅读面扩展了、知识丰富了，英语能力得到了提高。校报编辑得知后，约我写稿，谈谈新课改新理念，标题就是——《以纲为据，激活思维，培养能力》。

总结：离孩子们近些，离真正的教育也就近些。感谢我的"问题少年"们。他们敢问、想问、会问，让我走近并且走进了真正的新课程新课堂、走进了学生真实的学习与发展的需求。

人在高三

深圳市龙岗区龙城高级中学英语组　方静

还有六天，学生们就要走进高考的考场了，又是一年高三，又是依依惜别时。昨晚收到几条信息："小方，虽然你几年都在高三，见惯了分离。但是你的心千万不要麻木，不要忘记我们哦。""我会想你的，但是我不想回来见你。因为，我想留住你青春的影子在我心里，我怕看到你老了……"呵呵，可爱率真的学生们。

三年高三下来，接触了300多个形形色色的孩子，性格各异，能力不等。我交上了一群好朋友，同时在与他们的交往中，也得到了锻炼和提升，获得了不少的感悟。

一、教师是什么

自古以来人们就说老师是春蚕，春蚕到死丝方尽。这就是春蚕，自己什么也不留。还有人说老师是蜡烛，蜡炬成灰泪始干。燃烧自己含泪而去，把光明留给了人间。把教师比作春蚕、蜡烛是不是太可悲了？那么，我们的定位到底是什么呢？我觉得，从现在的教育理念和教育目的来看，教师应成为雕塑家。在雕塑艺术家的眼里，万物都是宝。别人遗弃，看不上眼的东西，只要经过雕塑艺术家的手，它们就有了价值，有了生命，甚至就成了稀世珍宝。如果学生们碰到的每一位老师都具有雕塑家的慧眼和因材施教的方法，该是多么美好的事情啊。用我们充满智慧与爱的双眼去发现他们的独特之处，去精心雕塑，才能把我们的学生培养成各类有用之才。我们一定要记住教育是因人而异的。

二、英语美丽吗

这个问题看似很幼稚，其实我想问的是：我们能否让学生主动发现学科自身的美丽？挪威诗人约恩松纪念挪威数学家阿贝尔时，写过赞美数学的诗："数的科学，像时间一样不知不觉地流逝。融于永不消失的晨曦，是千变万化的数字。她们，像雪一般纯，比空气更轻，却强于整个世界，其值无价。她们带来的是一片光彩。"它形象地告诉我们，数学是美丽的，它是诗，是歌，是画，里面充满了公式美、逻辑美、秩序美，令人魂牵梦萦，陶醉沉迷。同样，英语也是非常美丽的。那一篇篇短小精悍的文章，犹如一碗碗心灵的鸡汤，让学生们在掌握语言的同时，道德、情感得到了升华。那一句句圆润雄厚的朗诵，既是一种西方语言的陶冶，在抑扬顿挫的元音辅音之间，也是灵魂的一次净化。无论学习什么或者从事什么，能够感受到其中的美，获得自己的精神家园，该是一件多么美丽而富有诗意的事情呀！可是，我们的学生几乎看不到英语的点滴美丽，感受不到一丝学习的乐趣——他们最恨的就是记单词，背课文，听短文。难道英语就那么丑陋不堪让人生厌吗？

问题出在哪里呢？很长一段时间来，很多的老师和学校急功近利，将分数、将考试放在了万事的前面。围绕着分数的指挥棒，我们老师只好忍痛割爱，将课堂变成了统一模式的成品生产线，将学生当作了做题机器，缺乏兴趣培养，侧重技术训练，反复大量机械地做题，培养了应试能力，却在机械劳作中失去了学习英语的乐趣，更别说体会英语的美丽了。

新课程的改革已经进入了第七个年头。看似与高三没有很大的关系，但是明理人一分析就能够准确地获悉，新课程的改革风向标是直指高考试卷的。很多理论上的东西看似离我们很遥远，我们一线的普通英语老师，却是课改的直接实施者。如果能够引导学生认识学科的美丽，从而引起学生的兴趣，这才是教学的基本，这才是教学的效益增长点，否则一切都是本末倒置。

三、磨课、磨学生，还是磨自己

过去在老家教书的时候，妈妈经常给我灌输的一个思想——与其磨别人，不如磨自己。很多名师的课是"磨"出来的，这些磨出来的课功利性很强，为的是到处巡演、获奖、出名。其实他们不外乎也就是展示出来的课比较突出而已，也就是说他们平时的课和我们差不多。我们普通教师不可能像他们那样"磨"，因为我们要对全班几十个学生负责，我们不能为了自己上好一节课，付出我们几个月甚至一两年的时间。在我个人看来，只是上好一两节课并不是真正的好老师。真正的好老师不是"磨课""磨"出来的，而是通过"磨"教师本身"磨"出来的。作为一名英语教师首先必须要有深厚的英语语言素养，这就要求我们不断地学习，博览群书——语言是紧跟时代不断进步的，一日不读文章，一日不听新闻，就会落后。这就是一个"磨"的过程。然后，要读点教育学、心理学、美学、哲学方面的书籍，因为我们的课堂是多元化的，我们的学生是动态的。最后，也是最根本的，要理解国家课程标准，而且是深刻地理解，精确地理会其中赋予的时代特点和气息。

提高自身的综合素质，不断地打磨自己，才是一个教师上好课、教好学生的必经之路。对于我们老师来说，每天的日常教学无非就是两个字——"术"和"道"。"术"指的是方法、技巧，而"道"是基本规律。我个人觉得，得道的境界，就是一个从有到无、从繁到简的过程。书是应该越读越薄，课也应该越上越简单——信手拈来，无招胜有招。我追求的英语课堂是，信手拈来任何一篇文章，拿起任何一张英文报纸，这节课我都能上，而且能够通过这节课，学生们不但学到了基本的英文知识，而且能够提高他们的英文素养和人文素养。这节课中，看到的是老师的教育思想和修为、老师的综合素质和文化底蕴，看到的是学生们一双双求知若渴的眼神和老师之间心灵的碰撞。有一句话已经流传了多年——不是教教材，而是用教材教，说的就是这个道理。至于课是否精致，是否使用课件，是否有板有眼地体现了什么三维目标、什么评价原则、什么师生互动，倒不必太在意。一句话，回归原生态的课堂。但是，从简到繁容易，从繁到简却不易啊，故打磨自己，多读点书。不要随便就走进教室去磨学生。

去年高三，今又高三。这三年，1 000多天，积累了许多，收获了许多。无论身在何处，这三年的体会够我享用一生——感谢高三！

百条短信传递龙城师生情谊

——教师节短信集结号

深圳市龙岗区龙城高级中学英语组　方静

（1）Dear小方姐姐：I feel very grateful for your concern and help. It's you that take me out of sorrow and give me the strength to fight setbacks. At this time of Teachers' Day, let me show my great appreciation to you! Forever young and happy every day!

——2007—2008年高三（甲2）学生

（2）小方：祝你教师节快乐，牙齿年年晒太阳。

——2006—2007年高三（A1）学生

（3）小方——很喜欢你的可爱和你对生活的态度，亦师亦友。感谢你高一的陪伴（爱你哦）。祝教师节快乐。

——2008—2009年高一（1班）学生

（4）小方——谢谢你在我遇到困难的时候安慰我，关心我，帮助我出主意。在过去的半年里，我也成长了许多。你不但是我的老师，更是我的好朋友——教师节快乐哦。以后更要天天快乐。

——2006—2007年高三（A6）学生

（5）高二开学第一天英语晚读，在广播里听到你的声音了，好兴奋啊！教师节快乐！

——2008—2009年高一（3班）学生

（6）小方——我在校内网的同学聚会相片上看到你了，还是那么可爱年轻！想你了，也想龙城！教师节快乐。国庆相聚！

——2005—2006年高三（A4）学生

（7）小方——此时此刻，不舍小方，不舍龙城！教师节快乐。

——2008—2009年高三（A1）学生

（8）小方——You are the best teacher going into my heart! Happy Teachers' Day!

——2008—2009年高一（3班）学生

（9）老师——超级想念你！你说我变了，是不是晒黑了好多？暑假去遵义比赛晒黑了。送你一个小挂件，我都想好了，和你的那个绿色优盘很相配哦！教师节快乐！

——2008—2009年高一（3班）学生

用爱与真诚守望一生

——他人眼中的好老师方静

方静，深圳市龙城高级中学英语老师，于1995年大学本科毕业，2007年获得湖南师范大学英语专业的教育硕士学位。毕业后，先是在湖南省岳阳市的一所厂矿子弟学校工作十年，后于2005年8月来到了深圳，来到了"龙高"。接下来的十三年中，八年留任高三。目前，任教高三年级两个班的英语，并担任教研组长。

作为一名奋斗在一线的普通教师，方静全身心地投入热爱的工作和事业。她鼓励自己用智慧在平凡而伟大的岗位上默默地、安安静静地做出一份业绩，用自己的爱去诠释一位教育工作者的朴实和真诚。她通过自己的一言一行以及每天的工作生活常态来引导学生发掘出自己的潜能，塑造他们身心健康的人格。

一、淡泊明志，宁静致远

在追求物质利益的今天，能够真正潜下心来专心治学、研究教法的人恐怕不多，但方静老师却能够做到用一颗睿智、淡泊、宁静的心去钻研教学教法。她的课堂，学生是主角，掌控主动权；她的课堂，师生自由对话，畅所欲言；她的课堂，春风细雨，娓娓道来；她的课堂，不多不少，老师只讲15分钟。她的课堂是那么朴实无华，没有矫揉造作，没有故弄玄虚，但她的课真是越品越有味道，正像一位老师所说的那样："听方静的课，就像嘴里含着一块巧克力。"有人这样总结方静老师成功的原因：她的教学艺术是在钻研大量的教育理论和教学法的基础上形成的。方老师当时只是淡然地说："教书其实没什么。勤于钻研教学教法固然重要，有一颗安心教书的纯粹的心更重要。"她说，"在新课程改革的大教育背景下，我们的教育更加需要

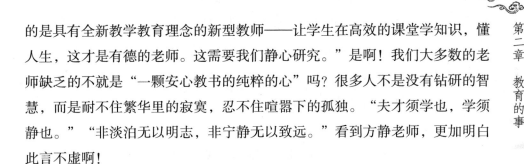

的是具有全新教学教育理念的新型教师——让学生在高效的课堂学知识，懂人生，这才是有德的老师。这需要我们静心研究。"是啊！我们大多数的老师缺乏的不就是"一颗安心教书的纯粹的心"吗？很多人不是没有钻研的智慧，而是耐不住繁华里的寂寞，忍不住喧嚣下的孤独。"夫才须学也，学须静也。""非淡泊无以明志，非宁静无以致远。"看到方静老师，更加明白此言不虚啊！

二、春风化雨，大爱无声

每一届的学生都知道，方静老师坚持一个好的习惯——定期给他们写随笔。这是师生之间真正的平等、自由的对话。随笔的内容，从知识的传授、解题方法的介绍到近来班上问题的解剖、高三心理紧张的调剂，甚至到大的人生规划、孝敬父母、社会责任感。点点滴滴，无不彰显方老师在教会学生如何做人方面的良苦用心。方静老师和学生说，写随笔是思想的清零。在2008年年初的冬天，方老师给即将回家过寒假的学生写了一篇名为《咱们寒假干点啥》的随笔。文中，她写道："……好冷的天气，我想我只能留守深圳了……那咱们的寒假怎么过呢……不要为了完成作业而去做作业……千万不要贪大求全，梦想10天寒假回来脱胎换骨。所以，想好要解决什么，每门功课你能解决一个困难或弱项就已经很有收获了……在我内心深处，我更希望的是大家能多多陪陪自己的爸爸妈妈、亲朋好友。人一辈子什么最重要？是考上一个名牌大学？是拥有万贯家财？是飞黄腾达，仕途得意？是儿女满堂，香火兴旺……人的一生是一个从依赖到脱离，最后又回归到依赖的循环过程。你在社会上飘荡得越久，你越会感受到各种各样的情感，那么你就会越来越思念来自父母、家庭的那份真情。世上唯有爸爸妈妈对儿女的那份关切、担忧是最无私的、最安全的。还有100多天，大家将各奔天涯海角……多么美好啊，可是对于你的爸爸妈妈来说，在欣喜、开心的同时，大家可曾想到，他们同时也有一份失落和牵挂。因为从此，你就意味着基本上完全脱离了爸爸妈妈的那个家了……18岁的暑假是爸妈一生牵挂的开始……所以世上没有什么能取代爸妈的爱。寒假，多在一起说说话，聊聊天，吃吃饭，不要很自私地只知道读书做题……"读到此处，我想，方老师似乎已经超越一个英语教师所应有的职责。转念一想，不，这才是师者本色。当我们觉得方静老师越职的时候，其实是我们学会了在教育上偷工减料，忘记了自己首先是个教育者，其次才应该是个教师。方静是一位怀有大爱之心的教师。没有一颗大爱之心，决不能达到如此的境界。大爱无疆，让我们感受她的崇高；大爱如春雨，让我们感受她的细腻。

在方老师桌面玻璃板下压着这样一句话，"一个人一生中也许无法做一件伟大的事，但是却可以用伟大的爱做一些小事。"在教师这个工作岗位，方静老师一直在践行这句话。她的师德不仅仅体现在教书上，还体现在她始终怀着一颗真诚的心从事教育这个职业。这颗真诚的心化成发自内心的爱，撒向那群可爱的孩子。病了，方老师会在自习课悄悄地递上一盒药，学生们会觉得生病是一件"幸福"的事；哭了，方老师会在第一时间送上问候和关心，学生因此怀疑方老师是不是学过心理学，怎能如此洞察力敏锐；累了，方老师会在学生的作文本上俏皮地画上几个卡通人物，附上一句鼓励的话语，让学生顿时觉得力增百倍，信心满怀。这些或许只是一件件微不足道的事情。这样的事情或许你也在杂志上见到过，但它们今天就发生在我们的身边。也许你们会产生思想上的疲劳，但是，谁又能保证自己也能有如此细心？谁又能说自己就一定要去照顾好自己的学生呢？方老师做到了，也许她不能面面俱到，但是，她会尽力地把每一面都做好。因为她的爱是真的，因为她的情感是质朴而不追求回报的。

三、朴实厚道，真诚待人

对待学生，方老师是"捧着一颗真心，不带走一棵草去"。对待同事，方老师也是真诚关爱。方静老师执教三尺讲台13年来，一直用8个字来勉励自己——能者多劳，以身作则。她曾经说过："若想得富贵长生，天注定。若想做仁人君子，我注定。"2006年～2008年，她在承担两个一层次班英语教学工作的同时，还担任高三英语科组长的工作。作为一名科组长，方老师尊重敬仰经验丰富的老教师。每遇到大型的课程、教研改革或者制定学年、学期的教学规划，她不会自作主张，而是虚心听取老教师的意见和评价，让老教师觉得他们并没有被深圳的快节奏、新理念淘汰，而仍然是教学的骨干、科组的核心。龙城高中一直致力于培养年轻教师，高三英语科组很多都是年轻的女孩子，这种情况下她更是把"能者多劳，以身作则"作为她工作的座右铭。她始终乐于助人，资料共享，完成工作任务亲力亲为，当年轻教师取得成绩时她总是笑得最开心的一个。在她的带领下，无论是老教师还是年轻教师，都被方静老师深深地感染，英语组的工作热情异常高涨。若说，方静老师有什么领导艺术是天然的，那就是一种人格魅力的自然散发，一切伟大的艺术都无须技巧。

方静老师并非只对待自己科组的老师如此，对待其他年级科组的年轻教师，她也同样把他们当作是自己的弟弟妹妹。每次出门路过书店，她总能顺手给准备考试的老师捎上几本教育学、心理学的参考资料；每到逢年过节，她的家里往往是单身教师的乐园。2008年年初，来自内蒙古的小于老师的父亲突发疾病，生命垂危。远在赤峰的他打电话向方老师寻求帮助。她二话没说，第二天早上及时将自己未到期的几万存款取出来，打到小于老师的卡上。这里没有轰轰烈烈，没有视死如归，没有大义灭亲，没有"三过其门而不入"的忘我，这里有的只是点点滴滴的生活小事，但"此事虽小，可以喻大"，方老师的人格魅力和品德彰显于其中。

方静老师说："我是一名普通的教师，从事的是平凡的工作，接触的是未成年、天真烂漫的学生。我想以自己的一言一行，以我的工作态度、生活态度，感染学生，引导学生。让他们去爱这个世界，去爱他们自己，爱他们的亲人、朋友，去发现世界的美，健康、阳光地度过未来他们自己的生活。老天给了我们这个缘分成为师生，虽然我不能陪他们走一辈子，但是至少，我可以在和他们共享的时间里，做点我可以做的——用爱与真诚守望一生。"是啊，方静老师守住的是一个平凡的岗位，构建的却是一个人生的高度，这个高度是用爱和真诚铸就的。

国旗下的讲话

深圳市龙岗区龙城高级中学英语组　方静

尊敬的老师，亲爱的同学们，大家早上好！我是来自高二年级的方静，很高兴能和大家一起分享一些有关教育、读书和学校的话题。

话题一：上大学有什么用？

时代在发展，不同的时代背景对上大学有不同的理解。过去人们常说：learn to change my destiny, 知识改变命运。而我希望龙高的孩子们能说一句 learn to better myself——读书让我变得更美好。上大学，能让你收获友谊、爱情，你会发现，他们的重要性仅次于你的家人。上大学，能提升你的品位和气质、形成自己的处世哲学。上大学，能培养你独立思考的能力，去思考自己、思考社会，并给出见解。如果大学顺利毕业，你能得到学历和文凭，这是你初次就业的敲门砖，它决定你大概从事哪个领域、哪个层次内的工作。当然，大学毕业后，你会成家立业，你的孩子很快也会有的，虽然你自己现在还是个宝宝。但是，你的文化水平将大大影响你对孩子的教育水平。所以，好好读书吧，只有上了大学，你才能有资格说"上大学有什么用"。好好读书吧。至少将来某一天，机会来到眼前，不至于说"对不起，我不会啊"。

话题二：学校是什么？教育是什么？

近几年，热门词汇很多，比如artificial intelligence、大数据、互联网+。高科技改变了我们的思维和生活方式，可是，互联网上的学习，鼠标轻轻一点，开始了；再轻轻一点，放弃和中断了。所以，传统的学校还将长期存在，校园生活依旧是主流，因为学校有一套约束你的办法，这个办法就是校园文化和学校制度。它的核心要素不在于提供知识，而在于让每一个校园里的人有了自律——没有自律，何来自由。我们不是天才，又缺乏自律的能力，怎么破？请加入一个好的约束环境，这个环境，就是学校。那么，在学校里学什么？我记得美国耶鲁大学的一任校长曾经说：真正的教育不传授任何的知识和技能。我们每天在刷题，刷的不是寂寞，我们是在锤炼、磨砺。我们通过学习获得一种思维方式——让我们在纷繁复杂中保持清醒的自我意识（Self-awareness）；让我们阐述观点时有道理；表达时有说服力，鼓动时有力量；让我们看清世界的本来面目，并切中要害。这是教育的本质，这也是学校的终极目标，它不传授任何知识和技能，却能让我们走入社会后，胜任任何学科和职业。

　　话题三：我是谁？我要干什么？

　　这个"我"，是指今天站在崭新的操场上的3000学生中的每一个你们。我头脑清醒，此时此刻此阶段，我知道我在干什么，我要什么。我努力，用今天的好，弥补之前的不好。我自信，我接纳一切不完美。是的，no one is perfect，但是，万物皆有裂痕，那是阳光照进来的地方。我们一直在追求完美。就像我的3年（16）班的孩子们说的那样：世上没有什么事情是做套题不能解决的，解决不了，再做一套；世上也没有什么事情是在操场上跑两圈不能解决的，解决不了，再跑两圈。

　　我亲爱的同学们：没有哪一种教育是完美的，没有哪一所学校是完美的；没有哪一个人是完美的。可是，这就是perfectly imperfect。让我们有爱，有目标；让我们为了诗一般美丽的远方，风雨兼程，努力努力再努力，因为当我们努力的时候，全世界都在给我们让路。

　　谢谢大家！

2017年12月11日

第三章

备考策略

浅谈高考英语短文改错的解题策略

深圳市龙岗区龙城高级中学英语组　李勇

高考短文改错考查考生的语言综合应用能力，短文改错不是单句改错，每句的语义表达、结构选择要受上下文制约。短文改错不是单纯考查语法知识，而是考查考生写作能力中的校验能力。它是专门针对考生平时英语学习过程中，尤其是写作练习中常犯的又较为普遍的错误而设计。它考查面广，涉及词法、句法、行文逻辑和习惯搭配等方面。对于考生而言，该题又是拉开距离和档次的题型。那么如何做好短文改错，结合近几年的备考经验，笔者认为做好此类题需要注意以下两方面。

一、熟知命题规律和错误类型

1. 正确理解做题要求，弄清楚要改什么和怎样改

要改的只是单词，不是标点符号或其他东西，且文中仅有10处语言错误，每句中最多两处。每处错误仅涉及一个单词的增加、删除或修改。改的方式有以下三种：删除、补缺和纠错。注意：每处错误及其修改均仅限一词；只允许修改10处，多者（从第11处起）不计分。此外，要正确使用修改符号，还要做到规范答题，改动一律写在下方，而不是上方或者斜着的上方或下方。如果答题不规范，即使改对也不给分，因此尽量减少非智力因素，养成良好的做题素养。

2. 知己知彼，百战不殆

只有熟知命题规律和错误类型，解题时才能得心应手。高考短文改错考点分布规律探究如下：

真题再现：

（1）（NMET2016）It is always crowed with customers at meal times. Some people even had to wait outside.（had → have）

（2）（NMET2015）When I was a child, I hoped to live in the city. I think I would be happy there.（think → thought）

（3）I was only four when she passes away.（passes → passed）

动词命题规律总结：

（1）动词的时态（考纲要求的10种时态）及语态（被动语态及无被动词）。

（2）and前后动词形式、时态要基本一致。

（3）非谓语动词误用。

（4）多助动词，少助动词。

真题再现：

（1）（NMET2015）The airs we breathe in is getting dirtier and dirtier.（airs → air）

（2）（NMET2014）Since then—for all these year—we have been allowing tomatoes to self-seed where they please. （year → years）

（3）（NMET2013）He was tall, with broad shoulder and a beard that burned from black to gray over the years.（shoulder → shoulders）

（4）（NMET2011）When I finally arrived at my friend he lent to me lots of clothes.（friend → friend's）

名词命题规律总结：

（1）注意名词的单复数；可数与不可数；所有格。

（2）看名词的修饰限定成分及上下文的逻辑关系。

（3）抽象名词具体化。

真题再现：

（1）（NMET2016）Instead, he hopes that his business will grow steady.（steady → steadily）

（2）（NMET2012）I learned early in life that I had to be more patient and little aggressive.（little → less）

（3）（NMET2013）I remember my grandfather very much.（much → well / clearly）

形容词、副词命题规律总结：

形容词、副词误用主要指该用形容词的地方用了副词，该用副词的地方用了形容词。改错行中出现形容词或副词时就要仔细分析该形容词或副词修饰什么，形式是否正确，是原级、比较级还是最高级。

真题再现：

（1）（NMET2016）Instead, he hopes that our business will grow steadily.（our → his）

（2）（NMET2012）But before long they began to see which was happening.（which → what）

（3）（NMET2015）Five minutes later, Tony saw parents.（saw后加his）

代词命题规律总结：

短文中出现的每个代词都要考查它所指代的内容及在句中的作用，注意其数、格、词性是否正确和前后是否一致，常考代词包括人称代词、指示代词、反身代词、关系代词及疑问代词等。还要注意缺代词的情况。

真题再现：

（1）（NMET2015）In the countryside, the air is clean or the mountains are green.（or → and）

（2）（NMET2016）Though not very big, but the restaurant is popular in our area.（删除but）

（3）（NMET2010）Without a moment delay, my neighbor picked up the box but announced, "I'll take them."（but → and）

连词命题规律总结：

（1）并列及转折连词的逻辑错用：

and、but、or、so相互转换；that与which或that与what相互转换；though / although不和but连用；because（since）不和so连用。

（2）关联词、从属连词、连接词的逻辑错用。

（3）常见搭配：not only...but also...不但……而且……；not（never）...but...不是……而是……；either...or...或者……或者……；

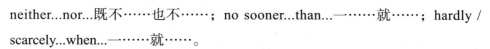

neither...nor...既不……也不……；no sooner...than...一……就……；hardly / scarcely...when...一……就……。

真题再现：

（1）（NMET2016）My uncle says that he never dreams becoming rich in a short period of time.（dreams后加of）

（2）（NMET2015）Unfortunately, on the development of industrialization, the environment has been polluted.（on → with）

（3）（NMET2014）Nearly five years ago, and with the help by our father, my sister and I planted some cherry tomatoes in our back garden.（by → of）

介词命题规律总结：

主要考查介词与动词、形容词、名词的搭配，介词词组搭配是否正确，介词的缺失等。

真题再现：

（1）（NMET2016）My uncle says that he never dreams of becoming rich in the short period of time.（the → a）

（2）（NMET2015）Now I am living in a city, but I miss my home in countryside.（countryside前加the）

（3）（NMET2013）In a fact, he even scared my classmates away.（删除a）

冠词命题规律总结：

短文改错中，冠词错误有误用和漏用。冠词有a、an、the三个，每次短文改错中，必会有一个出现。所以每次都要核查有没有冠词错误。

二、解题策略

1. 破题角度

（1）从词汇角度考虑。考生要熟练掌握上文总结归纳的各种词类的命题规律：动词形，名词数；还要注意形和副。代词格，细领悟。介词短语须关注，习惯用法要记住，冠词连词常光顾。

（2）从句子结构方面考虑。要熟知英语句子的五大基本句式［主+谓；主+谓（系）+表；主+谓+宾；主+谓+间宾+直宾；主+谓+宾+宾补。］不同的句子成分要用不同的词类；不同的语境要选择不同的词语。只有对句子结构和成分做细致的分析，才能找出用词不当的错误。要牢记：主谓宾，定状补，句子成分要清楚。关于句子成分方面的知识，需要单独列出来，专项学习、训练、思考、领悟、熟练。

（3）从行文逻辑角度。短文改错不是单句改错，每句的语义表达、结构选择受上下文制约。因此，要从整体上把握全文，逻辑推理句与句之间的关系。比如说有人坐氢气球飞行的时候，气球漏气了，他们把很多东西都扔下去了，结果气球是变轻了呢还是变重了呢？这类题就属于客观逻辑。客观逻辑题做起来是比较难的，需要完全读懂文章的脉络，从篇章的全局去思考，否则很难做出来。

2. 四改、四不改

四改：

（1）尽可能少改动。改正错误时无论是删除、补缺还是纠错都限定一词。

（2）删除、补缺以虚词（如冠词、连词、介词等）为主。

（3）纠错以实词（如动词、名词、形容词、副词等）为主。

（4）句子原意不变。不能改变短文或作者要表达的意思，包括其语气和上下文的逻辑关系。

四不改：

（1）标点符号不改。

（2）大小写不改。

（3）词序错误不改（不是不改，而是按错词或少词来改）。

（4）单词拼写不改。另外要注意：文中出现带汉语注释的词，一般是超纲词汇，在句中不可能错，可以不用管它。

3. 加词

加词删词：改词＝1：1：8（原则上，1个加词，1个删词，8个改词）。

4. 解题常用的5个步骤

第一步：改前通读，强化语篇意识。改错之前一定要快速阅读全文，切忌拿来就改。只有站在语篇的高度上，通篇解读全文，才能贯通上下文，找出与语篇有关的错误并进行有效的改正。做到有的放矢，箭无虚发。

第二步：改中细读，注意语法、词汇错误。纠错时要仔细读懂每个句子，因为只有站在完整句子的角度，才能发现其中的错误。而许多句子不止占一行，所以只有读完整句，仔细分析，才能发现错误、纠正错误。本质上就是以句子作为基本的改错单位，因为有的时候，一个句子里可能出现两处错误。

第三步：改完后检查够不够或者有没有找到10处错误，如果没有要继续找够10个错误，如果多了，要再次重读文章，进行进一步的确认和取舍，确保万无一失。

第四步：检查做题是否规范。

（1）符号使用是否规范，加词符号：□，删词符号：＼是右斜线，改词符号：——。

（2）改动位置是否规范，不能把改正的词放在句子上方。所有改动必须在错词的正下方，也不能给每个错误编号。

第五步：改后复读，纠正失误，减少差错。做完后将答案放入原文，重读全文，查看有无不符合逻辑、语句不通畅、不符合英语习惯的问题。改后复读，往往会发现在通读与细读中不曾发现的问题或做出的误改。由于时间的限制，也可以考虑先往下做题，等全部的题都做完了，再回来复查短文改错。这个时候由于思维受到了其他题的提示，跨越了时间空间，反而更容易发现短文中存在的错误。

结束语

短文改错是集语法知识与语言技能为一体的综合性试题，很容易丢分，也很容易得分，是拉开考生与考生距离的关键题目，它旨在考查考生对语言的评价与校验能力以及对词汇、语法和语篇三要素的把握能力。该题型对考生来说有一定的难度，要想做好并不容易，所以考生平时一定要注意积累更多的语言知识、扩大词汇量、掌握丰富的英语短语、了解更多的句型结构和习惯表达。这样，在考试中才能游刃有余，迅速找到错误并加以纠正。当然，冰冻三尺非一日之寒，江河湖海之大，非小溪一日之功。行者常至，为者常成！学习、思考、领悟、训练，相信攻克短文改错这个堡垒指日可待！唯一不变的是变化，真正的进步是永不停步，只有脚踏实地，才能仰望星空！

参考文献

［1］张维仁，邓玉琴.谈新课改下高考短文改错的解题策略［D］.中学课程辅导·教学研究，2013（3）.

［2］蒋小青.名师指津——高考英语命题揭秘与专题练析［M］.广东：广东人民出版社，2015.

2008年高三英语备考策略

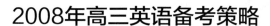

深圳市龙岗区龙城高级中学英语组　方静

今天，又有一批学生走进了高考的考场，祝愿他们都能实现自己的梦想，也希望我们老师一年的努力在这三天都能换回成功的喜悦。回顾过去的300多天，我们科组的11位老师拧成一股绳，心往一处想，劲往一处使。我们在备考的各个层面总结了一些集体智慧的结晶。

一、总结2007年高三备考的经验教训

早在2007年的6月下旬，当时的高二年级在进入高三之前，学校领导为高二高三两个年级的老师举办了一次经验交流活动，给老师们提供了一个平台，使老师们做到心中有数，未雨绸缪。上一届的高三老师将最实在的信息、有效的方法、存在的遗憾等毫无保留地敞开心扉，真诚地互通有无，继续留任高三的老师更是心中特别有感触。这对于新的高三年级来说无疑是一份无形的宝贵资源，使我们在进入高三的第一天就找准了方向，省去了许多麻烦，少走了弯路。

二、真正吃透课改的精神

课改之后，高中英语要求掌握的词汇量从以前的1 940个单词提高到3 500个单词，相应的功能项目、话题、语法内容增加了，语言技能要求也提高了。但是，很多备考资料受到旧高考的影响，难度不够，编入的题目多是新鞋走老路，词汇仍然停留在2 000之内的旧词中。部分教师也受到过去传统思想的影响，备考复习缺乏应有的层次性和高度。我们在多个方面进行了补救：选用好2007年各出版社新的资料，保证基础；选用好历年高考的资料，促进感悟；适当增加大学4级、6级英语的阅读和写作材料，培养尖子。最根

本的是，仔细研究2007、2008两年的高考考纲，研究最新的考试说明——唯有先从理论上找准方向，才能在具体的日常教学中深入渗透。

三、具体操作

1. 课程设置要求

上半学期按课程设置要求完成模块（9）的教学，有能力的学生建议自学模块（10）的reading部分和词汇、短语。

2. 合理使用教材和各种参考书

我们在一轮备考时使用的是《优化设计》，以及《学生双语报》《英语测试报》。我们一直要求学生不要拘泥于某一本复习用书，能力强的学生以两份报纸为主，扩大阅读量，能力薄弱的学生以8本模块教材为主，夯实基础，适当辅助《新概念二》。我们鼓励学生早读的时候百花齐放、百家争鸣。40分钟的早读，有读教材的、有读报纸的、有背新概念的、有读网上双语阅读的——他们沉浸在原汁原味的英语环境中，培养语感，补充课本的不足。

3. 基本词汇、单词的默写

无论是好学生，还是英语是弱势学科的孩子，我们一视同仁，要求至少将8个模块的词汇默写两次。具体来说，在一轮复习的时候，我们的默写单词和模块复习是同步的。每复习完一本书就安排一次本模块的100个单词和短语的听写。到了后面的专项复习，为了防止学生遗忘，我们又提醒老师们将8个模块的单词再拿出来默写一遍。很多学生都非常有体验——突破了词汇关之后，给他们的英语学习扫除了一个大的障碍——文章看得懂了，写起作文来有话说了，有好的高级词汇短语用了。

4. 安排好套题练习

在2008年3月中旬结束一轮复习，进入专项突破和套题阶段。这个时候，成套的、新的模拟试题，应坚持训练，直到6月。要达到三个目的：

（1）保持新意、灵性和卷面的规范。

（2）利用新题系统地回顾各大题的解题思路和技巧。

（3）自己做错，但是对照答案就能理解的，要找同类题目再练一练，做好归纳小结，这是这个时期的主要增分点。

我们在年级的大力支持和配合下，高三年级统一安排每周四的下午3点到5点，和高考同步的时间模拟做一套完整的训练题，有听力、有作文，训练速度和答题规范。然后对照答案，思考得失原因，并以新带旧，就每大题中的2个～3个小题进一步检索旧题、课本、考纲，强化复习效果，达到增分的目的。

5. 上好讲评课

10分钟思考（同桌议论），25分钟答记者问（是重点的，纵横联系并补充强化训练，基本以电脑数据分析为主，正确率在60%以下的为讲解重点，否则一带而过），10分钟思考（朗读、默读、笔记、比较、记忆）。

教师不需要将练习一题一题从头讲起。练习之后，应该整体公布答案，让学生自己静静地对照、思考几分钟。虽然学生遇到的问题是多种多样的，但是他们得明白，人如果能反复十次来到这世界上，每次都活100岁，人生的问题也永远解决不完，英语学习也一样。"理解、接受、积累"六个字是英语学习的一种重要方法，用上了就省去许多口舌，挤出许多时间去进行更多的语言实践，更多地体验语言、感悟规律了。

教师的备课十分重要。要在练习中找出最典型、最重要的题目，以利于在课堂上引导学生翻阅旧题、进一步掌握解题技巧。还得适当准备同类型的练习，做到即时巩固。所有课堂上要用到的资料，包括worksheet、PPT等，都要在课前准备好，不应临时凑合、应付。精讲多练不仅是一种教学理想，如果处理得当，也是一种教学现实。

一道大题讲练之后，同样应该留给学生一分钟思考、消化的时间。学生可以想一想这道大题的解题经验、教训，可以大声地或者默默地读一读这道大题的短文，也可以记一记这道大题自己做错的地方正确的答案是什么。公布答案和讲评题目之后，学生有完全自主的一分钟，是十分重要的，它是一个知识内化的过程，能加深记忆，促进学生知识与能力之间的转换。

6. 夯实话题

在考纲24个功能话题中，我们老师先挑选自己认为比较重要、考纲词汇含量比较丰富、较为贴近学生生活和社会现状的几个项目，设计"词汇＋写作"系列活动。举个例子，要练习"transportation"方面的基础写作或任务型写作，就布置学生用两天的一些英语学习时间，浏览考纲3500个单词，挑选出与"transportation"相关的单词,以词组、搭配、句型的形式抄写到作业本上。我们备课时,除了做写作材料准备外,还要做相关词汇、句型归纳的堂上活动设计,让词、句、篇有机结合,融为一体。如果这个活动能顺利开展,学生就在有意识地训练写作的同时,无意识地翻阅了几次3 500个考纲单词,起码混它个脸熟——易认,这是这个活动的副产品,一箭双雕。此活动是根据学生自主学习的原理设计的,学生一直要动手、动脑,教师重在管理、调控。我们在讲评某个话题的作文时,不仅仅给学生一篇范文,更多的是利用各种信息渠道,将该话题的相关延伸文章也挑选若干篇难易程度适合的推荐给学生,目的在于扩大学生的知识面,提升学生从不同角度考虑问题的思维分析能力。做到同一个话题,能构成各个面,每个学生都有话说、有情表。

7. 重在落实、厚积薄发

有了科学的理念作基础,到了每天的日常教学,关键就看落实了。词汇、句子翻译、听力训练、作文面批面改、书写的规范、语境语篇意识的培养、同义词近义词的辨析等,要靠老师具体细化到每一套试题中,每一天和学生的日常交流中。

结束语

高三的备考已经走过了漫长的30年,它日益具备科学性、时代性。最后以一首英语老师的小诗与君共勉:

享受教与学,师生节节悦;课课兴趣浓,讲义情要重!

英语讲与想,教学也互长;主靠嘴一张,心也不发慌!

语言巧打扮,生师有期盼;老师演员当,入戏时癫狂!

小师充特色,其实不敢乐;只求心无愧,师道精华汇!

高三常见心理现象

深圳市龙岗区龙城高级中学英语组　方静

一、"克拉克现象"

所谓"克拉克现象"是指优秀运动员在重大比赛中不能正常表现出所具有的竞技能力、比赛失常的现象。罗·克拉克是20世纪60年代世界著名的澳大利亚长跑选手，他曾19次打破5 000米和10 000米的世界纪录。然而，正是这位出类拔萃的优秀运动员，在他参加的两届奥运会上（1964、1968）均未登上冠军的宝座，仅获得过一枚铜牌。并且，在两届奥运会年他的最高成绩都大大超过了奥运会冠军的成绩。因此，克拉克被人们称为"伟大的失败者"，研究者也借用"克拉克现象"来研究最优秀选手的大赛失利问题。

"应变能力差、心理失常"的原因是我们必须重视的。

考场如赛场，不少考生也有类似现象。平时学习成绩优秀，考前准备充分，对某些考试内容甚至可以倒背如流，然而到了考场，特别是到了高考这样的重要时刻，却发挥失常，往往表现为紧张、慌乱，甚至记忆骤退，脑海里似乎一片空白。这种情况被称为考场上的"克拉克现象"，也有的称之为"竞技综合征"。

按照现代医学理论分析，上述现象的本质是考生存在心理障碍，也就是说心理素质差，不能在考试期间进行心理调节。主要原因是考生期望值过高，而又缺乏自信。只想成功，又恐失败，患得患失，压力过大。结果造成大脑皮层兴奋与抑制过程失衡，植物神经功能紊乱，各种症状随之而生。

克服考场上的"克拉克现象"，首先要增强信心。只有充分相信自己的实力，才能在考场上沉着冷静，使自己进入"角色"，发挥出正常水平。其次要把主要精力集中于考试的具体运作过程，而不要过多考虑考试的结果。

再次要注意多用正确和肯定的词语来唤起积极情绪，特别是在出现困难时，要用"冷静！细心！沉住气！"等词语暗示自己，进行深呼吸，而少用否定性词语，如"别紧张！别慌！可千万别出错！"等词。最后考前要合理安排生活，考试时穿上自己喜欢的衣服，带上平日喜爱而用起来得心应手的用具等，这些虽属细节问题，却有利于保持良好心态，克服可能出现的"克拉克现象"。

二、"高原现象"

相当多的考生在高考复习过程中会出现一段时间学习和复习效率停止不前，甚至学过的知识感觉模糊的现象。其实这是学习过程中出现的一种学习成绩与学习效率停止不前的一种现象，心理学称为"高原现象"。

1."高原现象"不是学习极限

"高原现象"是客观存在的，但走出高原期后学习效率和学习成绩还是会提高的，因此，"高原现象"并不意味着学习到了极限、成绩到了极限。不少考生出现"高原现象"时感到束手无策，甚至影响心态、影响学习。有的考生误认为自己的脑子不行了，记不住，脑袋里一团糨糊，因此，对高考失去了信心。有的考生由于高原期存在，情绪波动很大，产生焦虑、紧张、不安甚至恐惧的情绪。由于考生对"高原现象"不了解，又不能正确对待与克服，负面的心态影响了他的复习。

2."高原现象"由多种原因造成

其实，"高原现象"产生的原因是多种多样的，每个考生的学习方法、学习成绩与心态不尽相同，因此，造成高考复习阶段出现"高原现象"的原因也不完全一样。考生要针对高原期产生的原因有的放矢地、有针对性地进行解决。

有些考生出现"高原现象"是由于生理疲劳与心理疲劳造成的，高三的学习是相当紧张的，不少考生夜以继日、题海战术，无论生理上还是心理上都很疲劳。生理疲劳与心理疲劳积累到一定程度就会产生"高原现象"，感觉自己再怎么使劲也上不去了，越学越糊涂。

有些同学没有根据复习的内容和进度及时调整自己的学习方法与策略，这样也会造成"高原现象"，在高考复习的不同阶段，复习内容不一样，学习的方法也不完全相同。越是临近复习后期往往越需要知识上的综合，要力求把知识融会贯通，这就需要加强分析综合能力的运用。有些考生用前一阶段的学习方法来进行后一阶段的学习，用过去习惯性的思维去对待后一阶段的复习内容，往往会产生学习方法、思维方式与学习内容的不适应。因此考生要根据不同阶段的复习内容和所要求的思维方式与策略，适当地对学习方法与思维方式和策略进行调整，就会走出高原期，学习成绩就会有新的提高。

也有些同学题做得过多做得过乱，不仅做老师布置的卷子，而且还买来很多卷子做，做得晕头转向，甚至越做心中越没底，造成学习成绩不能提高，复习效率降低，出现"高原现象"。对于这种情况，考生就要集中精力和时间做老师布置的卷子，精力集中、心平气和地做老师布置的东西，就会逐步提高学习效率，提高学习成绩。

3. 对"高原现象"不必惊慌失措

绝大多数考生都会走出高考的高原期，有的同学高原期的时间可能长一些，有的同学高原期的时间可能短一些。因此，我建议当同学们在高考复习过程中出现"高原现象"的时候，不妨一起研究具体对策，大家相互帮助，共同尽快地走出高原期。

"高原现象"是高考复习过程中出现的现象，不足为奇，只要采取适当措施去加以解决，就会从"山重水复疑无路"，走入"柳暗花明又一村"。

参加过高考的同学在高考前复习中几乎都遇到过这样一种情况，即在经历了一段时间的复习之后，成绩就再也难有较大提高，甚至忽高忽低，沉浮不定，这就是人们常说的普遍存在于高考复习中的"高原现象"。

对于即将参加高考的同学而言，"高原现象"是极其有害的。因为越是临近高考，大家就越是感到时间的宝贵，倘若迟迟不见进步，大家就会有再学无用、失去信心的错误认识，从而放松甚至放弃对知识的进一步学习。这也是造成许多同学本来成绩不错而高考成绩欠佳的重要原因之一。

要克服"高原现象"，首先就得弄清其产生的原因。那么，"高原现象"到底是如何产生的呢？

众所周知，知识体系是由许多知识点和能力点构成的，它们的难度和在平时的学习中出现的频率是不同的，有的甚至差别很大。一般来说，那些难度较低和出现频率较高的知识点和能力点，大家比较容易掌握；相反，那些难度较高和出现频率较低的知识点，大家往往掌握得比较差。再加上大家的思维特点、学习兴趣、学习习惯和学习过程千差万别，久而久之，就形成了"各具特色"的"偏点"现象。

在现代教学中，由于学生数量众多和其他方面条件的限制，老师往往很难照顾到每一位学生，甚至连学生有哪些"弱点"都很难搞清，整个教学只能按照"机会均等"的方式进行。这就使得本来掌握得较好的知识点和能力点不断被重复，而自己的"弱点"却难以得到特殊照顾。其结果必然是一方面做着大量的无效劳动，另一方面自己的"弱点"却又难以得到强化，从而最终导致总成绩的徘徊不前，即"高原现象"的出现。

那么，如何才能克服"高原现象"呢？

要克服"高原现象"，首先就要找出自己的"弱点"。为此，可对平时每次检测的得分情况分项进行详细记录，然后对所统计的数据逐项加以整理，将其中明显偏高或偏低的数据去掉，计算出其余数据的平均值，就可看出自己对知识点和能力点的掌握情况，从而将自己的"弱点"找出来。

准确性是这一步的关键。一般来说，统计的次数越多，反映的情况就越准确，所以要尽可能增加统计的次数。

其次，针对自己的"弱点"，准备一定数量的质量较高的有针对性资料或训练材料。确保质量是这一步的关键，为此，要尽可能广泛地收集资料，仔细分析，认真筛选，择优录用。在这方面，可多求助于老师，因为老师手里的资料一般都比较丰富，且老师的辨别力也要比同学们强得多。

最后，拿出一定时间，针对自己的"弱点"进行强化训练。若各点的掌握情况相关不大，则选择2项～3项提高余地较大又较易于提高的点作为突破点。

根据笔者的经验，这一环节以一个月左右为宜，分三个阶段进行，每个阶段大约10天，其中前7天用于强化训练，然后选择一套难度适中、质量较高的综合题进行自测（最好是高考题，或是教学质量先进地区的大型考试用题）。之所以以7天为一个训练阶段，是因为时间过短，则难以奏效，而时间过长，又容易产生懈怠情绪；之所以以综合题进行自测，是为了避免因搁置太久而在其他各点上出现遗忘或倒退的现象。

这一做法增加了复习的针对性，克服了盲目性，因而不仅增强了效果，而且节省了时间，避免了大量无效劳动。笔者已连续六年执教毕业班，一直指导学生在考前运用此种方法复习，效果非常显著，大家不妨一试。

三、"心理饱和现象"

你有"心理饱和现象"吗？

"饱和"一词系化学术语，将溶质加入水中，当它不能再溶解时，叫作"饱和"。"心理饱和"则是指心理的承受力到了不能再承受的程度。

例如，卓别林在《摩登时代》中扮演一名工人，成天做着"拧螺丝"的活，干久了，他看见过路女人胸前的一对纽扣，也用扳手去拧。又如，一位领导参加书法大展，工作人员请他题字，他信手写下"同意"二字。这虽属笑话，却也是心理饱和的典型例子。

心理饱和多为负面效应。比如，老师布置100道数学题，学生开始做作业时，动作快，做得也正确，但做到后来，速度慢了，还常出差错，同时出现厌烦情绪。同理，工人做同样工作、干部伏案办公等，都可能出现心理饱和的现象，简而言之，他们干腻了。

由此可以看出，心理饱和是一种"不安定因素"，对人有害无益，不过，它并非不治之症。比如，当每天做同一工作出现厌烦情绪时，你不妨自我轻松一番：活动活动身子，极目远眺片刻，或散散步，或与别人说说话，放松一下紧张的情绪，这样，可以减少心理饱和给你带来的精神压力。

对于心理饱和，我们应有清醒认识：在我们的生活中，它无处不在，并时常干扰我们的正常生活。我们应当有充分的心理准备和预防措施，一旦遇上它，要沉着，莫惊慌，要善于知己知彼，采取各种有效的方法，将它"大化小，小化了"，让它远离我们的正常生活。

八个字探究高考语篇填空真题规律

深圳市龙岗区龙城高级中学英语组　李勇

语法填空题，共10个小题，每题1.5分，共15分。在一篇200词左右的语言材料中留出10个空白，部分空白的后面给出单词的基本形式，要求考生根据上下文填写空白处所需要的内容或写出单词的正确形式。具体题目一般分为纯空格题：考查连词（包括并列连词and，but，or，however，therefore，besides等和从属连词who，whom，whose，that，which，when，where，why，what，how，as，while等）、介词、代词、冠词。给提示词题：考查谓语、非谓语、词类转换、比较级最高级、名词复数等。下面用"谓、非、转、比、连、介、代、冠"八个字来探究高考语法填空的命题规律。在做题时，要根据情况，注意首字母的大写。

第一个字：谓

1. Confucius believed knives would remind people of killings and _____ （be） too violent for use at the table.（were）（2016全国卷Ⅲ）

2. It was raining lightly when I _____ （arrive） in Yangshuo just before dawn.（arrived）（2015全国卷Ⅰ）

3. Yangshuo _____ （be） really beautiful.（is）（2015全国卷Ⅰ）

4. This cycle _____ （go） day after day: The walls warm up during the day and cool off during the night and thus always a timely offset（抵消） for the outside temperatures.（goes）（2015全国卷Ⅱ）

5. It _____ （be） unimaginable that it could ever be cleaned up.（was）（2014全国卷Ⅰ）

6. I got a place next to the window, so I had a good view of the sidewalk. A

boy on a bike _____（catch）my attention.（caught）（2014全国卷Ⅱ）

7. Then the driver stood up and asked, "_____（do）anyone lose a suitcase at the last stop?"（did）（2014全国卷Ⅱ）

8. So it was a great honor to be invited backstage at the not-for-profit Panda Base, where ticket money helps pay for research, I _____（allow）to get up close to these cute animals at the 600-acre centre.（was allowed）（2016全国卷Ⅰ）

9. Truly elegant chopsticks might _____（make）of gold and silver with Chinese characters.（be made）（2016全国卷Ⅲ）

10. Leaving the less important things until tomorrow _____（be）often acceptable.（is）（2016全国卷Ⅱ）

11. He walked in as if he _____（buy）the school.（had bought）（2012广东卷）

12. It could be anything—gardening, cooking, music, sports—but whatever it is,_____（make）sure it's a relief from daily stress rather than another thing to worry about.（make）（2016全国卷Ⅱ）

13. Just be _____（patience）!（patient）（2014全国卷Ⅰ）

14. My ambassadorial duties will include _____（introduce）British visitors.（introducing）（2016全国卷Ⅰ）

15. Still, the boy kept _____（ride）.（riding）（2014全国卷Ⅱ）

谓，指的是谓语。考查时态、语态、主谓一致、虚拟语气、祈使句（v原形）；常跟doing的动词或词组；使役动词（make, let, have）+v原形；情态动词（can, could, must, should等+v原形）；三单；动词的不规则变化形式；系动词：①be动词（am, is, are, was, were）；②感官动词（feel, taste, seem, smell等）；③变化状态词（stay, keep, become, get等）。

1. 时态10种

（1）一般现在时（am, is, are, do / does）

（2）一般过去时（did / was）

（3）一般将来时（will do）

（4）现在进行时（am, is, are doing）

（5）过去进行时（was，were doing）

（6）过去将来时（was / were going to do / would do）

（7）将来进行时（will be doing）

（8）现在完成时（have / has done）

（9）过去完成时（had done）

（10）现在完成进行时（have / has been doing），强调动作的持续性。

2. 被动语态：be done

具体时态的被动语态：

（1）一般现在时的被动语态：am，is，are+done

（2）一般过去时的被动语态：was，were+done

（3）一般将来时的被动语态：will be done

（4）现在进行时的被动语态：am，is，are+being done

（5）过去进行时的被动语态：was，were+being done

（6）过去将来时的被动语态：would be done

（7）将来进行时的被动语态：will be being done

（8）现在完成时的被动语态：have / has been done

（9）过去完成时的被动语态：had been done

（10）情态动词的被动语态：情态动词+be done（This activity can be held tomorrow.）

3. 主谓一致

就近原则 (not only...but also...; either...or...; neither...nor...; not (never)...but...等)、就远原则（with, together with, as well as, along with, but, except等）、三单、单个动名词作主语谓语动词用单数等。

拓展：① Tom often plays football on the playground.

② Not only he but also I am good at English.

③ He as well as I wants to go boating.

4. 虚拟语气

（1）对现在虚拟：If were/did, sb. would do

（2）对过去虚拟：If had done, sb. would have done

（3）对将来虚拟：If were/did (were to do或 should do), sb. would do另

外,一个坚持：insist；两个命令：command, order；三条建议：suggest, advise, propose；四个要求：ask, demand, require, request, 这10个词后用 (should)+ v 原形，should可省略。suggest也可以直接跟doing形式：suggest doing sth. 但 suggest作"表明"意思时，不用虚拟语气。insist作"坚持认为自己做某事"时不用虚拟语气。

拓展：① If I were a bird, I would fly in the sky freely.

② If you had taken my advice, you would not have failed in the exams.

③ If he should not come tomorrow, we would put off the meeting till next Monday.

④ I suggest doing it in another way.

⑤ Her pale face suggests that she is in poor health.

⑥ I insisted that I had done nothing wrong.

5. 祈使句

祈使句用动词原形，如stand up！如果是形容词需要加be动词：Be quiet！祈使句的否定：别哭Don't cry；别害怕！Don't be afraid！

6. 常跟doing的动词或词组

keep, avoid, imagine, consider, suggest, finish, enjoy, mind, practice, deny, include等; be used to, devote oneself to, look forward to, make contributions to, get down to, give up, be worth doing , It's no use doing, can't help (stand) doing等。

第二个字：非

16. But my connection with pandas goes back to my days on a TV show in the mid-1980s, when I was the first Western TV reporter _____（permit） to film a special unit caring for pandas rescued from starvation in the wild. （permitted）（2016全国卷Ⅰ）

17. You'll be less likely _____（bring） your work home.（to bring） （2016全国卷Ⅱ）

18. People probably cooked their food in large pots, _____（use） twigs （树枝）to remove it.（using）（2016年全国卷Ⅲ）

19. When a new day breaks, the walls have given up their heat and are now cold enough _____ (cool) the house during the hot day. (to cool) (2015全国卷Ⅱ)

20. It took years of work _____ (reduce) the industrial pollution and clean the water. (to reduce) (2014全国卷Ⅰ)

21. One morning, I was waiting at the bus stop, worried about _____ (be) late for school. (being) (2014全国卷Ⅱ)

22. I heard a passenger behind me shouting to the driver, but he refused _____ (stop) until we reached the next stop. (to stop) (2014全国卷Ⅱ).

23. Skilled workers combine various hardwoods and metal _____ (create) special designs. (to create) (2016全国卷Ⅲ)

非，指的是非谓语。在没有连词（and，but，or，however等）或从句出现的情况下，一个句子只能有一个谓语动词（复合谓语如can do算一个谓语），如再出现其他动词，只能用非谓语形式：看被修饰的词和动词的关系，主动doing，被动done，将来或目的用to do。

第三个字：转

24. But for tourists like me, pandas are its top _____ (attract). (attraction) (2016全国卷Ⅰ)

25. The title will be _____ (official) given to me at a ceremony in London. (officially) (2016全国卷Ⅰ)

26. Recent _____ (study) show that we are far more productive at work. (studies) (2016全国卷Ⅱ)

27. As _____ (nature) architects, the Pueblo Indians figured out exactly how thick the adobe walls needed to be to make the cycle work on most days. (natural) (2015全国卷Ⅰ)

28. While there are _____ (amaze) stories of instant transformation, for most of us the changes are gradual. (amazing) (2014全国卷Ⅰ)

29. Some of them looked very anxious and _____ (disappoint).

（disappointed）（2014全国卷Ⅱ）

转，指的是词类转换，形容词转副词，动词转形容词，动词转名词，名词转形容词、名词变复数等。副词可以修饰全句，一般变副词比较多。

第四个字：比

30. If you feel stressed by responsibilities at work, you should take a step back and identify（识别） those of _____ （great） and less importance. （greater）（2016全国卷Ⅱ）

31. Finally, hard work paid off and now the water in the river is _____ （clean） than ever.（cleaner）（2014全国卷Ⅰ）

32. This river is one of _____ most outstanding examples of environmental cleanup.（the）（2014全国卷Ⅰ）

比，指的是比较级、最高级。good（well）—better—best；bad—worse—worst，little—less—least；the+最高级，the+adj.表示一类人，the more...the more...等。比较级的加强常用：much，even，far，a little，a bit等。像比较级但不是比较级的词：more than+adj.（原形）＝ very+adj.。比如，more than happy ＝ very happy。特殊的最高级：①I can't agree with any more. (非常赞同) ②Nothing could be better. (最好的东西)

第五个字：连

33. So, get an early start and try to be as productive _____ possible before lunch.（as）（2016全国卷Ⅱ）

34. In much of Asia, especially the so-called "rice bowl" cultures of China, Japan, Korea, _____ Vietnam, food is usually eaten with chopsticks.（and）（2016全国卷Ⅲ）

35. Over time, _____ the population grew, people began cutting food into small pieces so it would cook more quickly.（as）（2016全国卷Ⅲ）

36. Some people think that the great Chinese scholar Confucius, _____ lived from roughly 551 to 479 B.C., influenced the development of chopsticks. （who）（2016全国卷Ⅲ）

37. I'd skipped nearby Guilin, a dream place for tourists seeking the limestone mountain tops and dark waters of the Li River _____ are pictured by artists.（which）（2015全国卷Ⅰ）

38. As natural architects, the Pueblo Indians figured out exactly _____ thick the adobe walls needed to be to make the cycle work on most days.（how）（2015全国卷Ⅱ）

39. But the river wasn't changed in a few days _____ even a few months.（or）（2014全国卷Ⅰ）

连，指的是连词。包括并列连词（and, but, or, so, however, therefore, besides, instead, until等）和从属连词（who, whom, whose, that, which, when, where, why, what, that, how等）。定语从句，如果从句缺主语或宾语则使用关系代词（指人：who, whom, whose; 指物：that, which, whose）；所有的关系词中，唯一一个形容词性质的关系词是whose，其后会出现一个名词或代词。如果从句不缺主语或宾语则使用关系副词，时间用when，地点用where，原因用why。非限制性定语从句会出现"逗号"，指物用which，不能用that，指人用who，指地点用where。在名词性从句中，既充当句子成分，又充当关系词，担任"双功能"指物常用what，是高频考点。另外还要注意固定结构：not only...but also...; not（never）...but...; neither...nor...; either...or...; as...as...; as well as; the same...as...; so（such）...that...等。肯定并列用and, 否定并列用or, 并列连词前后时态、词性、单复数应保持一致；"为什么不"的表达：why not do sth.?；和when连用的4个句型：①was / were doing...when...;②be about to do when...;③...had just done...when...;④Hardly...when...; 省略句...when/while doing...; 表"伴随，随着"用as: As time passed, her hair got grey. = With time passing, her hair got grey.

——……就……: no sooner...than...（＝hardly...when...）

第六个字：介

40. Most of us are more focused _____ our tasks in the morning.（on）（2016全国卷Ⅱ）

144

41. In India, for example, most people traditionally eat _____ their hands. （with）（2016全国卷Ⅲ）

42. _____ the same time, they warm up again for the night.（At）（2015全国卷Ⅱ）

43. I got a place next _____ the window, so I had a good view of the sidewalk.（to）（2014全国卷Ⅱ）

介，指的是介词。介词主要考查固定搭配。在某年、月用in，某日用on；交通工具、方式用by；一段时间用for；伴随具有用with，没有用without；后来later；之前before / earlier / ago；作为用as；in front of：在……前面（非同一范围）；in the front of：在……前面（同一范围）；in hospital：住院，in the hospital：在医院；at table：在吃饭，at the table：在桌边；on / about：关于；as for / as to：至于；between两者之间，among三者及其以上当中；across表面穿过，through内部穿过等。

第七个字：代

44. I'd been at home in Hong Kong, with _____（it）choking smog. （its）（2015全国卷Ⅰ）

45. Who lost a suitcase? A woman on the bus shouted, "Oh, dear! It's _____（I）."（me）（2014全国卷Ⅱ）

46. Some villagers killed hens to treat friends, _____ villagers brought me goat's cheese and honey.（other）（2007广东卷）

47. He was very anxious to help _____ rice crop grow up quickly.（his）（2008广东卷）

48. She remembered how difficult _____ was to choose a suitable Christmas present.（it）（2009广东卷）

49. Now it occurred to _____ that his farm had much potential and that the death of the cow was a bit of luck.（him）（2015广东卷）

代，指的是代词。①人称代词he, she, they, you, they, it等；②物主代词：his, her, their, our, its等；③反身代词：himself, herself, myself, yourself, themselves, yourselves等；④不定代词：something, anything, nothing, everything等；⑤It的用法：形式主语，形式宾语，强调句，未知性别，时间、距离、天气等；⑥其他：other, others, one...the other, the others, some...others..., another等。

第八个字：冠

50. Two pandas: while one is being bottle-fed, _____ other is with mum—she never suspects.（the）（2016年全国卷 I ）

51. Give your body and brain a rest by stepping outside for _____ while, exercising, or doing something you enjoy.（a）（2016全国卷 II ）

52. It's only _____ hour away by car and offers all the scenery of the better-known city.（an）（2015全国卷 I ）

53. The head was tying up his horse to my car to pull it to _____ small town.（a）（2007广东卷）

54. I sat next to the man and introduced myself. We had _____ amazing conversation.（an）（2011广东卷）

55. He gave us a spare VIP room on _____ top floor.（the）（2014广东卷）

冠，指的是冠词。共有a, an, the以及零冠词。常和an连用的词（元音发音）：an hour; an unbelievable idea; an honest boy; an amazing plan; an outstanding girl; an investigative tool; an activity; an apple; an aim; an orange; an elephant; an ant; an umbrella; an egg; an art; an airplane等。常和a连用的词：单数可数名词: a university; a useful tool; a girl; for a while; after a while; as a result等。和the连用的一般是彼此心中明白的事物，上文提到的事物，西洋乐器：play the piano（violin）；世界上独一无二的事物：in the world, on the earth等；序数词：the first, the second, the last, the top等；最高级：the most beautiful girl; 固定结构中：the same...as...; one...the other...; on the other hand 等。在三餐、球类、棋类、游戏、学科、中国乐器前不用冠词。

做语篇填空的时候，把这8个字分为两类，一类是纯空格题，考虑连、介、代、冠；另一类是给提示词题，考虑谓、非、转、比。然后采用游戏消消乐的方式逐个消除已做的选项，逐一解决未做的选项，这样可以增加做语篇填空的准确性、全面性，达到事半功倍的效果。语篇填空在高考中难度不

146

大，分值不低，是很容易得分的一道题。对于高手来说，要争取全部做对，不留遗憾。做题时可以先直接看空做题，不必全部彻底地读懂文章，等做完全部试题时，再返回检查，把文章仔细读懂，尤其注意纯空格题的逻辑关系，这样就可以高效、快速、准确地解决语篇填空。

高考语法填空解题的四个小技巧

深圳市龙岗区龙城高级中学英语组　奉青松

语法填空是在语篇层面上考查语言知识，试题设计采用了填空的方式，考试内容不仅涉及句子的语法结构，还包括构词法、篇章连贯和篇章的理解，让学生在更加真实的语境中应用自己的语言知识，真正激活了学生的语言知识应用能力，对中学英语教学有较好的反拨作用。

在平时的教学过程中，在学生掌握高中英语大纲要求的基本语法、词汇知识基础上，传授学生一定的解题技巧可以起到"四两拨千斤"的作用，以下是笔者综合自己的教学经验，结合对高考试题的分析总结出来的语法填空解题的四个小技巧。

一、充分利用并列排比等结构

语法填空常常会在并列连词的前后设空，而并列结构中，并列词语的形式往往是一致的，利用这一特点，我们就可以很容易确定空格词的正确形式。如：

（1）People stepped on your feet or _____（push）you with their elbows, hurrying ahead to get to a bargain.（2009）

（2）He _____（pretend）that a tiger toy was real and giving it a voice.（2011）

这两个句子分别为or和and引导的并列结构，题1空格动词应该和or前面的stepped构成并列关系，时态应该一致，所以应该填入的正确形式为pushed；同样地，根据并列结构and后面的giving it a voice，我们可以判断出pretend应该使用现在进行时态was pretending。

二、寻找固定搭配或者句型结构

语法填空虽然强调对篇章的理解，但是有不少题目还是涉及了对固定短语和句型结构的考查，熟悉一些固定的短语搭配或者句型结构，有利于快速准确地填出缺失的词语。如：

（1）She found some good quality pipes _____ sale. （2009）

（2）I got on the bus and found a seat near the back, and then I noticed a man _____ （sit） at the front. （2011）

（3）I didn't want to be laughed at for talking to him but I didn't like leaving him _____ his own either. （2011）

（4）He walked in as if he _____ （buy） the school, and the word quickly got around that he was from New York City. （2012）

题目1、3分别考查了介词的固定搭配；题目2检测了 "notice+sb.+doing" 的用法；题目4考查了 "as if+虚拟语气" 这一结构。

三、联系上下文，寻找线索

每一年的高考语法填空中会设置一些题目考查学生对于文章整体的理解能力，这类题目不多，但是学生错误率较高。所以正确地理解文段，学会联系上下文、寻找解题线索也是一种很重要的技巧。如：

For some reason he sat beside Mary. Mary felt _____ （please）, because there were many empty seats in the room. But she quickly realized that it wasn't her, it was probably the fact that she sat in the last row.

If he thought he cloud escape attentions by sitting at the back, he was wrong. It might have made it a little harder for everybody because it meant they had to turn around ,but that didn't stop the kids in the class . Of course whenever they turned to look at him, they had to look at Mary, which made her feel like a star. （2012）

如果不联系上下文，很容易填成unpleased，但是在下文我们能读到 "which made her feel like a star" 这样的句子，可见Mary是喜欢和这个男孩子坐到一起的，所以填pleased更符合文章的语境。

四、分析句子结构，弄清空格处缺失的成分

在做高考语法填空时，大部分题目需要我们分析句子结构，弄清空格缺失词语在句子中充当的成分，然后"一个萝卜一个坑"地填入正确的词语或者词语的正确形式即可，通过对历年高考题目的梳理，不难总结出冠词、形容词性物主代词、代词、连词、谓语动词、非谓语动词和词形变化这些题目的解题规则。

1. 冠词、形容词性物主代词

（1）The head of the village was tying up his horse to my car to pull it to _____ small town some 20 kilometers away where there was a garage. （2007）

（2）It is said that a short-tempered man in the Song Dynasty（960—1279）was very anxious to help _____ rice crop grow up quickly. （2008）

若名词前面没有限定词（冠词、形容词性物主代词、不定代词），考虑填冠词、形容词性物主代词。

2. 代词

（1）When the time came for me to say goodbye to my friends in the village，I wanted to reward the old woman for the trouble I had caused _____ .
（2007）

（2）She remembered how difficult _____ was to choose a suitable Christmas present for her father. （2008）

如果空格位于主语的位置或者动词、介词后，就要留意句子是否缺主语或宾语，如果缺少，往往会考虑代词。it可以用作形式主语或者宾语（题目2）。

3. 连词

（1）Jane paused in front of a counter _____ some attractive ties were on display.（2009）

（2）I realized that the villagers who had gathered around me were arguing as to _____ should have the honor of receiving me as a guest in their house.
（2007）

（3）One day, he came up with an idea _____ he would pluck up all of his crop a few inches.（2008）

（4）We understand this lesson best _____ we receive gifts of love from children.（2010）

若两个句子（一个主谓关系算一个句子）之间没有连词，也没有分号或句号，一定是填连词。遇到这类题目需要分析这两个句子的关系，四个题目空格处的连词分别引导了定语从句、宾语从句、同位语从句和状语从句。

4. 谓语动词

（1）The sun was setting when my car _____（break）down near a remote and poor village.（2007）

（2）Her mother was excited. "Your father has at last decided to stop smoking," Jane _____（inform）.（2009）

若句中缺少谓语动词，该空格位于主语之后的时候，空格需要填入谓语动词，要考虑该动词合适的时态和语态。

5. 非谓语动词

（1）She was getting me _____（settle）into a tiny but clean room.（2007）

（2）For example, the proverb, "plucking up a crop _____（help）it grow", is based on the following story.（2008）

（3）He suddenly appeared in class one day, _____（wear）sun glasses.（2012）

（4）I noticed a man _____（sit）at the front.（2011）

动词的非谓语动词形式往往在句中作定语、状语等成分（如题目3）；to do形式可以表示目的（如题目2）；动词的这些形式往往还用在get / have等使役动词（如题目1）和notice / see / hear等感官动词后（如题目4）。

6. 词形变化

（1）But Jane knew from past experience that her _____（choose）of ties hardly ever pleased her father.（2009）

（2）This proverb is saying we have to let things go in their _____（nature）course.（2008）

151

（3）We drank together and talked _____（merry）till far into the night.（2007）

在his / her / our等形容词性物主代词或者在a / an / the等冠词后用名词形式（如题目1）；修饰名词用形容词形式（如题目2）； 修饰动词、形容词、副词用副词形式（如题目3）。

以高中英语报刊阅读提高高中生英语阅读能力

——以《21世纪报TEENS》为例

深圳市龙岗区龙城高级中学英语组 方静

2009年9月至今，我校从高中英语教学实际出发，把高中学生英语报刊阅读课纳入学校校本课程，以阅读《21世纪报TEENS》为载体，每周在高一高二年级的班级安排一节报刊阅读课。通过英语教师三年不断实践、运用、发展，我校将报刊阅读课划分成三种模式：控制性阅读（Language-focused Input），半控制性阅读（Meaning-focused input）和自主阅读（Pleasure-focused Input）。

一、《21世纪报TEENS》辅助高中生英语阅读能力的诞生背景

1. 理论背景：依据克拉申的"输入假说"和"情感过滤假说"，建构英语报刊教学模式

20世纪80年代初，克拉申（Krashen）在《第二语言习得的理论与实践》中提出"语言监察"理论（The Monitor Theory）。克拉申认为，第二语言的学习依赖于一种可理解性的语言输入。所谓语言"可理解性的输入"（Comprehensible Input）是指语言习得者听到或读到的可以理解的语言材料，而这些语言材料在难度上应稍微高于习得者目前已掌握的语言知识。克拉申又提出了"i+1"概念，"i"代表习得者目前的语言知识状态，"i+1"代表习得者下一阶段可能达到的语言知识状态，"1"代表习得者当前语言知识状态与下一阶段语言知识状态的间隔距离。克拉申认为，要使学习者从目前的学习水平（i阶段）发展到较高的学习水平（i+1阶段），那么教师应提供略高于学习者目前水平的语言输入。为了使习得者有效进行语言习得，

克拉申提出，当前可理解的语言输入必须具备：

（1）语言输入是可理解性的（Comprehensible），不可理解性的（Incomprehensible）语言输入材料对习得者而言，是一种干扰。

（2）语言输入是有趣的或相关的（Interesting or Relevant），输入的材料越有趣、越关联，学习者就会在不知不觉中习得语言。

（3）语言输入必须有足够的输入量，要习得新的语言结构，仅仅靠几道练习题、几篇短文是不够的，它需要连续不断的有内容有趣味的广泛阅读和大量的会话才能奏效。

（4）语言输入不应该按语法顺序编排（Not Grammatically Sequenced），语言习得的关键是有足够量的可理解性语言输入，按语法程序安排的教学不仅不必要，而且不可取。

克拉申同时指出，可理解性输入对语言习得来说是必要的，但不是足够的。有了大量的输入环境并不等于学生就可以学好目的语，第二语言习得的进程还要受情感因素的影响。也就是说，语言的"输入"（Input）必须通过情感过滤才有可能变成语言"吸收"（Intake）。影响第二语言习得的情感因素主要有：

（1）学习者的学习动机，学习动机明确则学习动力大，学习效果明显。

（2）学习者的性格，自信、开朗、外向，乐于置身于不熟悉的语言环境中，自我感觉良好的学习者进步快。

（3）学习者的情感态度，主要是指焦虑感。焦虑感较强者，内心压力大，情感屏障高，获得的语言输入较少；反之，则容易获得较多的输入。

2. 普通高中英语阅读教学现状

长期以来，阅读理解能力的提高一直是高中英语教学中最受重视的项目，做好阅读理解题是直接影响高考获得高分的关键。在实际教学过程中，我们培养学生的阅读能力，主要依靠中学英语课本中有限的阅读材料，其可利用的资源十分贫乏，且内容陈旧乏味，跟不上时代和信息社会发展的要求，文章词语数量和内容也很有限，学生不能达到大量输入语言的目的，教学效果可想而知。此外，过多地把学生禁锢在现有的课本知识中，使他们常常处于一个整体的被动环境中，学生对教师所灌输的知识，多采取被动接受的态度，影响其学习语言的积极性及实际运用语言的能力。

　　《普通高级中学英语课程标准（实验稿）》对高中生的阅读能力和阅读量都提出了较高要求，不仅要求学生具备一定的语篇领悟能力和语言解码能力，还要求学生提高阅读速度、增加阅读量、扩大词汇量。根据新课标的要求，达到高中英语6级水平的学生课外阅读量应累计达到18万词以上，7级应累计达到23万词以上，8级30万词以上。还指出，"除英语教材外，学校和教师还应积极开发和利用其他课程资源。如广播影视节目、录音和录像资料、网络资源和报纸、杂志等"。

　　因此，结合输入理论和现阶段大部分普通高中英语阅读教学的现状，就"如何在有限的高中三年时间内提高学生的阅读能力"这个困惑，我们教师方向一致：利用英语报刊这一开发价值较高的教学资源，结合教材语篇的主题，组织和指导学生进行报刊阅读活动，以扩大学生的词汇量，调动学生的阅读积极性，提高其阅读理解能力。

　　通过英语报刊阅读课，我们想在培养学生英语语言技能方面达到以下预期目标：

　　（1）学生有广泛的阅读兴趣及良好的阅读习惯。

　　（2）除教材外，课外阅读量要累计达到30万词以上。

　　（3）能根据情景及上下文理解不熟悉的语言现象。

　　（4）能阅读一般的英文报刊和杂志。

　　（5）能使用参考资料和工具书解决复杂的语言疑难。

二、《21世纪报TEENS》报刊阅读课的指导思想

在设计报刊阅读教学时，我们考虑到了以下三个主要的因素。

1. 课时安排

　　经过粗略统计，《21世纪英语报》高中版每期报纸大概有10篇主要文章，词数在4 200左右，建议阅读时间是60分钟上下。结合我校学生实际英语阅读水平和能力，经过反复多次在各个班级实验，最终将一期英语报刊的阅读模式定为：一节课（40分钟）加一个晚读（30分钟）模式，共计70分钟，每周一次。一节课用来阅读理解，晚读用来处理核心词汇和摘抄优美例句。

2. 分层阅读

　　对于报纸上的文章，不能搞"一刀切"，不同的文章要区别对待。

《21世纪英语报》是周刊，每期有将近6个固定的版块：Front Page和Page2多半是最近一周的新闻；Page3、4和Page5是教师处理版块，因为这3个Page涵盖了校园生活、热点话题大擂台、英美文化和科普知识。而Page6多半是一篇温馨的类似心灵鸡汤的英语美文，最突出的特点是此类文章多半使用高中课标要求掌握的3 500个单词。

那么，教师根据文章的考纲词汇涉及数目、语法复杂程度、篇章结构、话题的生疏与否、内容的新颖程度等因素，将每期报纸的10篇主打文章依次分成：核心推荐、重点推荐、一般推荐。对于不同的文章，在处理方式、时间和关注程度上都有所区别。核心推荐文章占2篇，属于控制性阅读，重点推荐文章占3篇，属于半控制性阅读，其余5篇文章和一些小栏目零碎文章为一般推荐，供学生自主阅读。

3. 阅读方式

将阅读方式分成：控制性阅读，半控制性阅读和自主阅读。控制性阅读的文章多半是高中英语课程标准中涵盖的24个话题内的校园生活、个人品质培养等话题。文章所用词汇限制在考纲的3 500单词内，宜精读。在阅读过程中教师起主导作用，控制阅读内容和阅读节奏，学生按照教师的安排和指令进行阅读理解，主要关注的是语言本身和阅读技巧的培养，如文章的结构、核心词汇、长难句、解题技巧等。半控制性阅读模式中教师挑选的文章涉及的话题多为中西方文化差异、英美文化、科普小知识等，因为该类文章词汇量相对较大、长难句较多，宜泛读，不宜精读。在此过程中，学生的阅读自主权变大，可以在规定的重要文章中，选择自己感兴趣的1篇~2篇来阅读理解，主要关注的是文章的main idea和作者的attitude，同时要求每篇文章至少摘抄10个好词和3个好句子，并能画出文章的框架结构图。阅读自由度最大的当然是学生自主阅读模式，话题多半是文娱体育、笑话、最新电影电视节目、奇闻逸事等。他们的阅读内容和方法更宽泛更自由，亦不需要完成任何的阅读任务，唯一的目的就是：for fun and for pleasure。

三、《21世纪报TEENS》报刊阅读课的教学流程

我校用于英文报刊阅读的时间为70分钟（一个课时加一个晚读）。据此，我们对控制性阅读、半控制性阅读和自主阅读三种阅读方式做了粗略的

界定：教师花15分钟控制性阅读2篇核心文章、学生花15分钟阅读2篇半控制性文章、学生花40分钟来泛读和摘抄。

1. 控制性阅读

以教师为主导的15分钟控制性阅读环节我们多半采用的是和课本阅读课相类似的处理模式，简称PPPC模式，包括prediction（预测）、pattern（结构）、personalizing（内化）和context（语境）四个环节。这里重点放在预测和结构两个方面进行介绍。

预测是阅读前的热身，是成功的阅读者应掌握的策略之一。教师利用英语报刊图文并茂的特点，培养学生根据标题预测、利用图片预测、根据主题句预测等技巧。

语篇理念下的阅读教学强调语篇结构和语篇语义的完整性，阅读教学不能停留在对字词和单句的解读上，也不能停留在对语篇表层信息的理解上，而应该从语篇层次理解文章的结构，探寻语篇语境下的深层次意义。高中英语最常见的语篇形式有三种：

（1）概括—具体语篇模式。

（2）比较匹配语篇模式。

（3）主张—反主张语篇模式。一份英语报刊文章多达10语篇，各类模式皆能找到非常恰当的实例。（附：控制性阅读模式教师自制课件节选）

自制课件节选

2. 半控制性阅读

半控制性阅读以学生选读为主要形式。首先，学生依据个人兴趣选择2篇文章来进行限时阅读，完成相关的问题和阅读选择题。在整个环节中，教师仅仅核对答案并个别解释说明，并不进行过多干预。然后，学生再从中选择一篇文章进行研读，通过上下文或借助词典，解决生词难词、进行摘抄或者写读后感。最后，老师收集汇总学生们摘抄的词汇和读后感，印刷出来供学生分享。

（附：某位学生写的读后感）

原文：来自于2011年3月21日的报纸：

My Victory Against Fear

The morning for our snowmobiling (雪上汽车) adventure finally arrived, and we set off on the hour-and-a-half drive to the resort. A fresh powder had fallen the night before, and everything was frosted (霜冻) white. We couldn't have asked for more perfect conditions. The sun sparkled (闪光) on the snow, and the trails (路线) were completely empty – not another person or snowmobile in sight. We were thrilled at being the only people for miles around.

As we drove through the deserted wilderness (荒野), my excitement became stone-cold fear. I had no idea what I was afraid of, or why I was afraid, but suddenly everything around scared me to death. I kept picturing us crashing headlong into a tree or falling off the side of a drop.

But after lunch things changed. We were the only humans who had been there since the snowfall. The peaceful solitude (幽静的地方), the beauty of the landscape, and the almost sacred experience of sharing a mountain with the wildlife touched my very core (核心). My mind cleared and quieted.

As we drove the last leg of the run, I began to resent being afraid to drive. It made me angry that fear was keeping me from something I really wanted to do. The day was coming to an end, and the resort was only a few miles away. I knew that if I didn't take my chance now, I would regret it.

I signaled for my husband to pull over. I wanted to drive, although my heart pounded (重击). I stared off slowly and felt the wind in my face. I smiled and sped up a little. I let out a "Yee-haw!" and went full out, taking my husband on the best ride of the day.

We ended the day on that breathless, carefree note 2, and I felt proud of overcoming my fear.

学生读后感：

Conquer Fear

By sharing with us her unforgettable snowmobiling adventure, the author, a brave lady, showed us we can actually be powerful enough to be in charge of what scares us if we can conquer our fear.

We may have different kinds of fears in our life. Past failures, unforeseen future, mysterious things or people yet to know, all of these may cause fear. Sometimes we trap ourselves in fear because we refuse to take a risk. But only if we can conquer our fears, can we make our life our own adventures.

I remember a film I have recently seen, *The King's Speech.* King George VI suffered from an awkward stammer since his childhood, which became a problem for his official duty. After many inefficient efforts, help finally came when a language expert cured him by finding the origin of his fear and the courage within himself. The King successfully made his first fluent speech to inspire his people in the war against Hitler, which also became one of his many famous speeches later on.

So don't let fear ruin us. Find out what scares us and, face it bravely. If we arm ourselves with courage and confidence, there should be nothing that dare not try.

3. 自主阅读

自主阅读是学生最欢迎的模式，因为时间由学生自己支配，阅读速度可快可慢，没有压力的阅读是最愉悦的。老师在这个环节要承担的任务如下：

（1）保证学生阅读时间至少在40分钟之内。

（2）每期报纸发到学生手中，阅读之前做好导读工作。

（3）提醒学生阅读时注意阅读技巧：跳读、略读；注意英文报刊文章的特点：新闻标题、大量引述、长句、词汇特点。

（4）对部分好文章教师提前设计好阅读笔记（填空版本）。

（5）教师全程不干预，仅维持秩序，或向求助学生进行个别支援。

（附：报刊文章填空版本节选，原文来自2013年4月高三版第32期）

PAGE1 Being your best self

让自己更优秀的自我管理秘诀。词数441，建议阅读时间6分钟

What would you do if you _____ (绑架) by a strongman on the way home from school because he thought you might be from a wealthy family?

This was exactly the situation _____ Wu Mutian had to deal with when he was 15. Instead of _____ (overwhelm使不知所措) by fear as most teenagers would be, the student from Lushan International Experimental School stayed calm. He pretended to be_____ (obey 顺从的) until the kidnapper _____ (放下、放松) his guard. Then he seized the chance to rush into a small diner. Eventually he escaped the danger.

How did he do it? _____

_____(关键在于 他能够非常好地掌控自己的情绪，这得益于他的自我管理的好习惯). Wu, now 18, describes all this in his new book _____ (release) last month, *Self-Management: Be a Higher You* (《管好自己就能飞》).

PAGE6 LOOK BACK，佳句回放，让我们一起来回顾上期的佳句

一、高考制度

1. 全身心地投入高考，我绝不会感到遗憾！

_____ the examination, I feel _____! (P3)

2. 最重要的不是我们失去了什么，而是我们得到了什么。

_____ what we lose _____ what we gain _____! (P3)

3. 换而言之，这场考试是我们给高中时代画上一个有意义的句号的方式。

In other words, the examination is a way to _____ our

high school years. (P3)

4. 高考不能取消，但是改革十分必要。

The college entrance examination ＿＿＿＿＿＿ but reforms ＿＿＿＿

＿＿＿＿＿＿＿＿＿＿＿ . (P3)

5. 这个考试应该改进为检测学生的创造力和实际动手的能力，而不是将我们的心思都局限在背死知识上。

The exam should ＿＿＿＿ test students' ＿＿＿＿＿ and ＿＿＿＿ rather than ＿＿＿＿＿＿＿ our minds ＿＿＿＿＿＿＿ only remembering "dead facts" . (P3)

6. 毫无疑问，对于我们的全面发展，高考的弊大于利。

＿＿＿＿＿＿＿＿＿＿＿ the college entrance examination ＿＿＿＿＿＿＿

＿＿＿＿＿＿＿＿＿＿＿＿＿＿＿＿＿＿＿＿＿＿＿＿＿＿＿ . (P3)

结束语

实践证明，以《21世纪报TEENS》为载体提高高中生阅读及其写作能力是非常行之有效的策略和途径。认真、持续开展报刊阅读教学的班级学生在英语能力，尤其阅读能力方面得到了长足的发展。

参考文献

［1］葛文山.课文教学中的任务设计［J］.中小学外语教学：中学篇，2006，29（6）：1-8.

［2］葛文山.高中学生报刊阅读中的词汇附带习得［J］.中小学外语教学：中学篇，2006，29（2）.

［3］教育部.普通高中英语课程标准（实验）［M］.北京：人民教育出版社，2003.

附1：中学生英语报刊阅读实验前问卷调查

1. 获取信息的方式主要有哪些？（　　　）

A. 课堂 　　　　　　　　　　　　B. 报纸杂志

C. 因特网、电视 　　　　　　　　D. 课外书本阅读

2. 读过的英语报刊是。（　　　）

A. China Daily 　　　　　　　　　B. The 21-Century English

C. Shanghai Students' English Post 　　D. The English Learning

E. The English Weekly

3. 你阅读时口里念念有词。（　　　）

A. 经常 　　　　　　　B. 有时 　　　　　　　C. 不会

4. 你阅读时用你的手或笔指着阅读的材料。（　　　）

A. 经常 　　　　　　　B. 有时 　　　　　　　C. 不会

5. 你阅读时遇到生词就紧张害怕。（　　　）

A. 经常 　　　　　　　B. 有时 　　　　　　　C. 不会

6. 你阅读时根据文体和内容调整阅读方式和速度。（　　　）

A. 经常 　　　　　　　B. 有时 　　　　　　　C. 不会

7. 你阅读时能做到从全局着手注意细枝末节。（　　　）

A. 经常 　　　　　　　B. 有时 　　　　　　　C. 不会

8. 你阅读时回头去阅读刚读过的词组和句子。（　　　）

A. 经常 　　　　　　　B. 有时 　　　　　　　C. 不会

9. 阅读时一词一词地读，读一篇文章后不知作者所云。（　　　）

A. 经常 　　　　　　　B. 有时 　　　　　　　C. 不会

10. 你阅读过身边的与你学校英语学习不相干英语资料。（　　　）

A. 是 　　　　　　　　B. 无 　　　　　　　　C. 一点点

11. 你是否已感受到了英语阅读对你英语学习和考试的影响？（　　　）

A. 是 　　　　　　　　B. 无 　　　　　　　　C. 一点点

12. 你记得你曾经读过的英语文章的内容吗？（　　　）

A. 是 　　　　　　　　B. 无 　　　　　　　　C. 一点点

13. 你想努力在英语阅读方面有所改变。（　　　）

A. 是 　　　　　　　　B. 无所谓 　　　　　　C. 不会

附2：2012年笔者所教班级部分学生高考成绩

姓名	语文	英语	数学	理综	总分	录取院校
谢…	125	141	130	284	680	北京大学
谢…宝	126	124	126	276	652	北京航空航天大学
谢…	117	133	127	271	648	北京邮电大学
罗…	110	133	134	264	641	北京邮电大学
郭…	104	125	134	260	623	北京邮电大学
谢…望	118	124	120	265	627	北京理工大学
刘…凌	124	137	121	248	630	南开大学
胡…杰	107	129	143	273	652	中山大学
罗…强	111	127	136	275	649	中山大学
叶…强	111	140	132	264	647	中山大学
刘…	111	137	125	269	642	中山大学
黄…敏	117	131	127	266	641	中山大学
林…	118	130	123	268	639	中山大学
管…键	114	137	130	256	637	中山大学
黄…健	111	135	124	264	634	中山大学
韩…磊	116	135	129	253	633	中山大学
杨…姬	131	136	120	243	630	中山大学
吴…彤	110	125	126	258	619	中山大学
林…璧	124	131	123	267	645	中山大学
梁…滢	113	139	123	261	636	中山大学
梁…豪	121	129	121	262	633	中山大学
邱…鑫	126	124	133	266	649	中山大学

　　该班级49人次参加考试，班级平均分131.5；最高分141。

2008年阅卷归来，话广东省英语科读写任务

深圳市龙岗区龙城高级中学英语组　方静

2008年6月12日～20日，笔者有幸参加了2008年广东省普通高考英语科阅卷工作，安排批改读写任务一题。8天的阅卷，收获和感慨颇多，特写此文与广大的高中英语教师交流、共享。

2008年广东省普通高等学校招生统一考试大纲是在"稳定中求发展"这一思想的指导下制定的，所以2008年考试大纲中的"考试内容和要求"和"考试形式与试卷结构"与2007年考试大纲几乎完全一样。就写作一题而言，要求考生根据提示进行书面表达。考生应能：

（1）清楚、连贯地传递信息、表达意思。

（2）有效运用所学语言知识。

广东高考英语试卷中的书面表达题不是传统意义上的作文，它要求考生在给出的特定情景下按照特定的要求进行书面表达。

一、读写任务评分说明

"Preparing Myself for College Life"这个题目贴近考生的生活，引导材料清楚，考生不易跑题。写作内容的弹性很大，考生有尽情发挥的空间。写作内容符合考生的思维水平和语言表达水平，整体难度不大。

广东省考试院给阅卷老师颁发的评分标准和说明如下：

本试题要求学生阅读一篇英文发言稿之后，写一篇英语发言稿，谈自己理想的大学生活，内容包括：概括发言稿；根据自己的经历发表对中学生活的感想；发挥想象力，描绘未来的大学生活（允许虚构）；概括现实的中学生活与想象的大学生活之间的差异，并思考如何适应这些差异。

在评分时，应该注意以下问题：

（1）按照评分标准，实行分析综合法评分。

（2）Mike发言的要点包括：

Some basic life skills are necessary for a freshman to adjust himself to the college life.

Mike loved college, which offers students good facilities and rich activities.

To Mike, the important thing is to get himself active in things.

（3）写作的内容应该包括：

① 对中学生活的感受，考生可以泛泛而谈，也可以谈具体的某一方面。

② 想象中的大学生活，内容可以包括理想的大学、进大学前的心情（如兴奋、担心等）、理想的大学生活（包括校园环境、学习环境、师生关系、社团活动等）等。

③ 概括中学生活与大学生活之间的差异，比如，大学生活更加丰富、更加自由或大学生活更加富有挑战性、更加需要独立性等。

二、考生暴露的问题

1. 审题出错

（1）文体方面。题目要求写一份发言稿，这就对写作的格式和语气有特定的要求。有部分学生写成演讲稿：

Dear friends,

Hello, my name is Lily. Just now, we listened to the Mike's speech...但是，阅卷组委会本着以人为本的原则，要求我们阅卷老师多看考生写作的内容和功底，对于部分写成演讲稿的考生仅仅酌情扣分或者没有扣分。

（2）人称方面。概括部分，Mike写成she，或者用第一人称、第二人称，而不是用第三人称he。如：

Mike mainly tells us her first year of college, she got homesick. But if we can take part in many activities, we can learn a lot.

（3）时态方面。本篇写作的基调时态应该是从过去时向现在时和将来时转移，需要考生有扎实的时态知识和较好的语篇能力。但是部分学生时态使用混乱，如：

When I was a student in a high school I lives at home. Because of this,

I was depended on my parents. They did all things for me , which made me independence. I love my life of high school, but I am not satisfied with the few skills I have . So I expect to go to a good college.此考生的这段描述中学生活的段落中，现在时和过去时穿插使用，让人读了感觉前后矛盾，糟糕的基本功暴露无遗。

2. 词汇过于简单

笔者在8天的阅卷时间内，大概批改了2300多份读写任务，考生能用到freshman这个词的不足30人。一些非常好的动（名）词、短语，如arrange、overcome、cooperation、have a deep impression on...见到的频率也不是很高。感觉考生还是在大量地使用新课改之前的2000旧单词，未能充分灵活使用新课标下的3500范围内的新词汇。例如，I think the life of my high school is wonderful. I could make a lot of friends and we talked with each other and helped each other. We feel very happy .I had learned a lot of basic life skills and I realize I have to handle the things.读过此段文章，只会让读者觉得作者不像一位在高中的教室里读了三年书的学生，水平更像是一位初中生。一口气读下来，评卷老师未见一个新课程中的高级词汇，或一个复杂的句式，更何况其中充斥着若干时态错误，这样的写作根本无法让阅卷老师给出基本合格的分数。

3. 句型单调，未能体现高中英语教学中的重点语言项目

高中三年英语语言教学的一个重要板块就是句型教学，其中包括各类从句、倒装句、强调句等高级、复杂的句式。如果一位考生能在自己的作文中，灵活自如地借助以上句型顺利表达自己的思想和情感，他的文章肯定能得到阅卷老师的认可和欣赏。但是，还是有相当一部分考生对句型的掌握不尽人意。例如，I will graduate from Middle school soon. I look forward to college life. In Middle school, I have learned many things, such as knowledge, how to get on others, how to choose a right way to my future, and so on. I can't forget the life in Middle school. I hope to go to college to learn more knowledge. In it, I can learn something useful.此段共由六个单句构成。几乎全部都是最简单的主语+谓语的形式，无论是句型的多样性、句型的变换、词汇的丰富等方面，都未能体现新课程标准下8级写作的水平。

同时，考生对给予的任务下的话题也没有自己的见解，对问题和现象的

分析未能达到一定的高度。

4. 考生对话题没有自己的见解

《课程标准》中对高中生目标进行了总体描述，8级的要求是：有较强的自信心和自主学习能力。能就熟悉的话题与讲英语的人士进行比较自然的交流。能就口头或书面材料的内容发表评价性见解。能写出连贯且结构完整的短文。能自主策划、组织和实施各种语言实践活动，如商讨和制订计划、报告实验和调查结果。能有效利用网络等多种教育资源获取和处理信息，并根据需要对所获得的信息进行整理、归纳、分析。能自觉评价学习效果，形成有效的英语学习策略。了解交际中的文化内涵和背景，对异国文化采取尊重和包容的态度。其中8级中关于写的要求有：

（1）能根据所读文章进行转述或写摘要。

（2）能根据用文字及图表提供的信息写短文或报告。

（3）能写出连贯且结构完整的短文，叙述事情或表达观点和态度。

（4）能在写作中做到文体规范、语句通顺。

尤其是第三点——叙述事情或表达观点和态度，非常能体现考生思维的高度和深度。哪个考生对问题的分析和考虑越成熟、越深、越透，借助流畅通顺的表达，就越能获得评卷老师的认可。可惜，广大的考生对任务给出的话题只能浮在字面进行肤浅的评论，无法得到高分。例如，I hope my college life can be as wonderful as my middle school. I don't have to do much homework. I can do what I want. I still will make many friends and join many pubs and clubs. 又如，I hope I can enter a college which has good equipment and good library. In this way, I can make my body stronger and meet a lot of friends. I also can open my minds and widen my horizens. 从以上两份考卷中，我们可以看出，考生只能借助阅读材料中已经展出的关于中学生活和大学生活的区别，再一次重复，基本上都是大话空话套话，没有一点自己的见解。对于即将展开的大学生活，也没有自己的思考和规划，像这样的人云亦云，是不可能打动阅卷老师的。

5. 抄袭原文、书写混乱

2008年的读写任务，阅卷老师们依旧发现了不少交白卷、完全抄袭原文的考卷。从电脑中的显示数据看，600多名批改读写的老师每位平均给出

100多个零分。还有部分考生的书写实在糟糕，涂改严重，字迹潦草，无法辨认。这也是全省此题平均分11.33的直接原因之一，希望引起老师们的关注。

三、备考建议

首先，笔者向老师和同学们展示一份样卷。该考生的作文作为试评卷，评卷组的专家给出24分的高分。

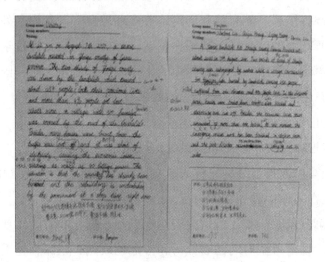

样 卷

从此份作文中，我们不仅仅看到考生优雅、整洁、清晰的卷面，更能从字里行间感受考生的写作水平和功底。专家给出的24分也是一种暗示，什么样的作文才是评卷专家认可的好文章。那么，我们在以后的高中英语教学中该如何辅导学生的写作呢？

1. 识记并运用各类高级词汇、句型

考生的内心活动和情感态度全靠一个个句子表达，而一个个句子又是靠变化多端的句型和地道、准确的词汇呈现给读者。考生想得高分，没有高级的词汇和句型的支撑是无法成功的。老师们在高一高二进行模块教学的时候，应当尽量多给学生介绍课标中新词汇的使用，以及收集整理高中阶段各类基本的、典型的重要句型。

2. 传统的单句翻译不可放弃

英语的写作基本功是什么？从高考的阅卷中得出结论：书写和句子。英语写作能力并非一朝一夕就能形成的，它是一个由浅入深、由易到难、循序

渐进，一环紧扣一环的训练过程。句子是文章最基本最重要的单位。句子的正确表达是书面表达最基本的要求。因此，一定要训练学生写完整的句子，至少要写主谓结构的句子。在此基础上，再让学生加入一些适当的连词、过渡句等。卷面的整洁在高考中尤为重要，因为评卷老师首先是从卷面来确定其得分的档次。高考评卷老师对一篇作文的判定时间是以秒来计算，速度之快可想而知。要在如此短的时间内做出判断，靠什么大家可以思考。从进高三的第一天起，老师们可以布置学生每天翻译3到5个句子，集中写在一个本子上，积少成多，重点的句型反复操练，使学生形成强烈而深刻的印象，在写作中能信手拈来，运用自如。

3. 以读练写

写作是综合能力的体现。一个考生能写出一篇优美、地道、顺畅的文章，他的英语综合实力不容忽视。以写练写肯定是不够的。老师们可以借助其他的题型来带动学生写作能力的提高。阅读是一种很有实效的方法。一篇阅读文章，在做完5个阅读理解的选择题之后，仍然可以拿来二次使用。很多的阅读文章，结构严谨、框架合理、布局严密，作者的阐述犀利、到位、举证有力实在，言简意赅，于简单处见真情，字字珠玑。字里行间更是一个个美妙的句型和词汇喷涌而出，随处可见。在日常的教学中，老师们要有意培养学生的写作能力。教会学生如何发现美、审美、收集美、创造美。由欣赏到模仿，再到独立的写作。唯有大量的输入，才能自由地输出。

4. 培养学生的思维能力

高考不是中考，是选拔性考试，谁的思维缜密、逻辑严谨、思考深刻，谁就能在这场激烈的拼杀中脱颖而出，拔得头筹。英语老师们应该在模块1～8的新课传授中，将每个模块中涉及的话题带领学生一个个研究透，说透，分析到位，而不要等到高三的时候再觉得一时间要做的事情太多了而找不到重点，或者每个都想抓，每个都抓不到。

语言能力不是一天两天的功夫就会提高的，需要我们老师和学生一起持之以恒，多写多练，做到在写中学，在学中写，从而达到有效的写作目的。以上是笔者参加2008高考阅卷的一点心得体会，仅想抛砖引玉，不妥之处敬请谅解。

重视口语教学，迎接2011年广东省高考英语新方案

深圳市龙岗区龙城高级中学英语组　方静

背景新闻：近期，广东省教育考试院宣布，2011年高考英语听力将与笔试分家，听力与口试合为听说考试。该方案指出，2011年，英语学科将分为笔试、听说考试，分别组织考试，合并计算成绩，构成一个完整的测试体系。2011年起，英语科笔试与听说考试合计满分为150分，其中，听说考试占英语科总分的10%。以后，听说考试成绩占英语科总分的比例视实施情况适当调整。

普通高中英语课程标准明确指出，在高中阶段对学生"说"的教学培养目标是：通过使学生参与大量的说的活动培养口头交际的能力，同时通过口头交际培养学生的语言能力，使学生掌握应有的会话技巧，使学生了解交际与文化的关系，进而在交际中培养学生的思维能力。近几年来广东省的普通高考中，对口语的评估主要采用的是人机对话的模式，成绩只做高校录取时的参考。但是从2011年起，英语科笔试与听说考试合计满分为150分，其中，听说考试占英语科总分的10%。这就意味着口语将正式纳入必考项目。俗话说，兵马未动，粮草先行；未雨绸缪，不打无准备之仗。高中阶段的口语教学应该引起广大英语教师的重视。

口语教学的根本目的是培养学生连贯自如地表达思想、进行口语交际的能力。影响口语交际的因素有文化知识因素、动机因素、听力理解因素、个性因素、语言环境因素等。因此在口语教学设计中要注意：

（1）重视输入，在听的基础上发展说的能力。

（2）在课文教学中注意语言形式和交际活动的平衡。

（3）正确处理准确与流畅性的关系。

（4）创设良好的语言学习气氛，鼓励学生用英语表达。

笔者目前任教深圳市一所区级高中的高一年级。在区教研室教研员的带领下，笔者和同事们积极应对2011年高考新方案，开动脑筋，将新课程新理念与教学一线实践相结合，创造性地开发了多种培养学生口语能力的教学方法。

一、热身活动（Daily Report）

　　热身活动指每节课开始的3分钟～5分钟所安排地说的活动。

　　热身活动是一项长久的口语活动，为了保持新鲜感和兴趣，老师们采用了多种活动方式，每隔一段时间就更换一次。比如：

1. 话题与学生日常生活学习相结合

　　开学之初，话题为"My First Week in ×××High School"；军训归来，话题转为"Unforgettable Military Training"；要考试了，话题就是"To Prepare for the Mid-term Exam"；美国新一轮总统大选结果新鲜出炉，话题马上切换成"Brief Introduction of President Obama"。这样一个学期下来，学生身边发生的大大小小国内外事件都被搬上了课堂。学生们觉得话题新颖、与自己息息相关，有话能说，有话要说。

2. 话题与时事新闻挂钩

　　每天给学生准备一条英语新闻，出处多为各大主流媒体网站的英文版面，话题涵盖时政、体育、教育、科技、文化、经济等。学生现场朗读、断句、记下重要词汇和句型，日积月累、集腋成裘。

3. 学生自荐短文

　　每天上课前，安排一名学生向全体师生大声朗读一篇英语短文，题材多样，可以是寓言、幽默故事、名人名言、成长励志等。学生按学号轮流值日，并提前将文章中的好词好句摘抄在黑板上，待老师做综合点评和讲解。

4. 24个话题抽样训练

　　高中英语新课程将8个模块划分为24个话题，为了使学生尽快熟悉这24个话题，老师将24个话题做成24个书签，每个书签上写下一个话题名称，如"Healthy Eating""Hobbies""Environment Protection""Science and Technology""Art and Culture"等。提前一天安排一位学生抽签选取第二天要演讲的话题。这样，一期、两期下来，全班同学不但自己能讨论其中若干个话题，更是能将所有话题逐一听到，并得到老师及时的点评、归纳和提升。

二、口语与阅读课相结合

口语能力的培养可以通过多种途径来完成，其中最基本的渠道就是课堂教学。高中英语日常常规教学课，多半以阅读课为主，那么老师们可以将口语训练与阅读课完美结合，做到强强互补。高中学生有较强的理解能力和思考能力。因此，老师们要鼓励他们在读懂文章的基础上，利用所学的知识来支持自己的观点，并口头表达出来。老师们要尽量利用现有的教材、设计多种与课文有关的活动和任务，做到"一石二鸟"——既检查了阅读效果，又锻炼了口语表达。

1. 培养提问能力

提问能力是交际能力的一个重要组成部分，因此在英语口语教学中，应大力提倡学生问、学生答，甚至是学生问、教师答。这样，课堂回归了学生，学习的主动性掌握在学生的手中。比如，新人教版必修（II）的Unit1阅读课文"In Search of Amber Room"，教师可以安排学生就"Amber Room"的来历、构造、流失、回归与否，根据课文内容设计若干个问题，学生以小组合作的形式互问互答。以下是学生自行设计的部分问题：

——Do you know anything about amber?

——Do you think cultural relics should belong to a single person or the country?

——Some old buildings, valuable vases and pictures, ancient temples are famous cultural relics. How about some traditional festivals, folk music? Are they also cultural relics? Why?

—— Is it still missing? Or is it well kept in someplace secret?

这样，学生不但学会了自主学习、互相帮助寻找答案、熟悉课文大意、进行深层次理解，同时培养了就一个或几个情景进行连贯提问的能力。阅读与口语的有机结合，达到了事半功倍的效果。

2. 培养情景对话能力

情景对话指的是教师借助阅读的课文，为学生创造情景、营造氛围，

让学生用英语交流思想、信息、情感等。教师在整个情景中扮演课堂的组织者、控制者、提示者和观察者等多种角色，学生活动形式多为：role-play、interview、discussion、report、survey等。如新人教版必修（Ⅰ）Unit5阅读课文"A modern hero— Nelson Mandela"一文的阅读任务完成后，可设计一项interview的口语训练活动。让一位学生扮演Mandela的好友Elias一角，另外几位扮演游客。创设情景回到曾经关押Elias的小岛，回答游客们的提问、向游客们介绍当年和Mandela共处的日子、宣讲Mandela的伟大人格魅力。通过这样的一问一答，学生们既巩固了课文中的句型词汇，又将输入头脑中的书面信息巧妙灵活地以口头信息的形式进行再一次输出。就是在这不经意的"输入—输出"循环中，学生的能力得到了提升。

3. 培养复述能力

复述一般分为机械性复述（借助过渡词、图示、关键词组织语言）和灵活性复述（无任何提示，学生自由、独立复述等）。有语言专家指出，学习语言，复述课文比背诵课文更加有效。笔者也非常认同此观点。因为在复述课文的过程中，学生要将文中的若干信息进行筛选，剔除次要信息，留下主要信息；要组织语言，注意句与句之间的逻辑性、连贯性；在行文的过程中，要注意时态、人称等的一致；要适当选用课文中的好词汇、好句型，或用已学过的词汇代替文中的原词，而不是全文照搬。如此这般，学生们熟悉、了解并巩固了课文，在说的过程中又加深了阅读中学到的语言文化知识。此外，学生们不会觉得任务艰巨、无话可说，这样，学生的语言综合能力得到了锻炼。

三、在完成听的任务中提高说的水平

"听"是人类的一项基本技能。在英语学习中，听、说是不分家的，它们一起构成了人类社会重要的交际手段。高中的英语听力教学，多半停留在"放放磁带、对对答案"的阶段。许多生动、与生活密切相关的好听力话题和材料没有得到充分的利用和挖掘，学生也倍感课堂单调机械，应试气氛、功利色彩太强。其实，听力教学的主要任务是帮助学生提高语言信息的接受和理解能力，而理解和表达是交际的两个方面，它们之间的作用是相辅相成的。老师们在听力课上既要突出重点——听的能力的提高，又要注意听说的捆绑效应——将听与说结合起来，克服以往单纯听力训练的单一性。比如，在新人教版的必修（Ⅰ）Unit5 "Elias's Story" 一课教学中，可设计如下任务：

Task: Work in pairs according to the following situation: Several years later, Elias and Nelson Mandela met in " Robben Island". They recalled many lovely old days. They greeted each other and talked a lot. Make a dialogue.S1 is Nelson Mandela and S2 is Elias.

教师设计情景，假设学生是Elias 和Nelson，进行对话。

通过听的训练后，学生对课文内容有了大概的了解，便可在听的基础上围绕听的材料进行说的训练。在对话之前，教师应帮助学生回顾和整理一下已获取的信息：

Nelson told Elias how to get the correct passpapers so he could stay in Johannesburg.

Elias joined the ANC Youth League organized by Nelson Mandela.

Elias helped Mandela blow up some government buildings.

They both shared a dream, which is to make all the white and black live together in harmony and equally.

在教师设计的情景中，两人多年后在狱中相遇，回忆当年的事情，在学生的娓娓道来中，借助听力材料的二次利用，听与说训练的有机结合促进了学生语言综合运用能力的全面提高。

小结：作为语言学习，"说"的行为发生在课堂上下，贯穿于教学内外。笔者抛砖引玉，介绍了几种常用的课堂训练说的方法。其实，还有很多有效的方法，如背诵新概念（二）、课本朗诵比赛、英语美文诵读大赛、寝室英语日等。因此，我们不仅要通过专项训练，更要努力在每天不经意地说说、听听、练练中，切实提高学生的口语交际能力，为2011年广东省的高考改革方案提早做好充分的准备。因为我们知道，高考不仅仅是高三一年的任务！

参考文献

［1］人民教育出版社，课程教材研究所，英语课程教材研究开发中心.普通高中课程标准实验教科书英语［M］.北京：人民教育出版

社，2004.

［2］中华人民共和国教育部.普通高中英语课程标准：试验［S］.北京：
人民教育出版社，2003，26（7）：3–15.

［3］何亚男.新课程高中英语必修课教学设计课例研究［M］.上海：华东
师范大学出版社，2005.

再看深圳高考二模

——封笔之作，从此退出江湖，隐于市井

深圳市龙岗区龙城高级中学英语组　方静

一、听力

没有完整的录音原稿。但是，从听力题目的设计中还是有很多反思的。

第4题，说话人的身份。如果选C，那就上当了。现在的听力题目远比过去复杂得多。一般来说，出题者会设计两个人东拉西扯，讲了很长一段对话，你唯一要做的就是时刻跟着他两人的谈话，边听边记（记key words, key information），很多选项是要等你将整个对话全部听完之后才能很从容地选对答案的。为了找到最后的答案，我在听文章的时候，是边听边丢。什么意思？简单地说，就是听了2到3句，觉得不是答案，马上从记忆中暂时删除（因为脑袋中无法一次装载这么多的信息）。随着两个人对话的深入，终于捕捉到了最能代表他身份和职业的一句话或一个词的信息。往往说来，越靠前的越不是答案。所以，听的时候要学会淘汰信息，学会跟踪信息，学会逻辑分析。图书管理员的身份最应该干什么？如果是学生，那么肯定会有一句话涉及他读书上学或考试的事情——那么你就耐心等待，等到你想要的那句话出现。

悟道：一个人可以允许拥有若干身份，但是他肯定在一个特定的时期内有一个最根本的最大的代表性身份——请抓住能代表的这句话。听到一点点就汹涌澎湃、头脑发热，妄下结论、自以为是。这样的人早就是出题老师想到过的人，那个设计好的陷阱早早挖好了等着你呢。

第6题，一般来说，会给两个时间，然后说话人讲一大堆理由故意说哪个时间特别好，然后用一个转折淘汰掉它。那么你一定要专心地听那些表示

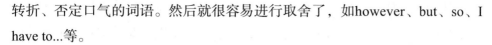

转折、否定口气的词语。然后就很容易进行取舍了，如however、but、so、I have to...等。

第7题 ~ 8题。我错了，没有权利和大家侃侃而谈。但是，我真的是犹豫不决，然后把第一直觉的答案全忍痛割爱了，选了两个错误答案。哎，人算不如天算。

第10题 ~ 12题。我不吹牛，还没有听，我的答案基本上就猜到了。因为是学英语的，当然对这些城市非常了解。其实，你的方法也很简单。首先抓住两个key words：fittest & fattest。

其次在草稿纸上列成两排——一排记下the fittest cities，另一排记下the fattest cities。然后认真听一些表示排列顺序的词，如the second、 the first、最高级等。将所有听到的城市排好队，答案自然就出来了。

此题难就难在它是六个城市绞在一起说的，所以我们要分类才能厘清思路。从英美文化来说，像Detroit（底特律）这样的汽车城，super city,肯定是生活极其不健康的；而Honolulu火奴噜噜（檀香山），住的都是土著，当然很fit啦。再说，学英语，要学点它的文化、历史、地理常识。你可千万别说这几个城市你没有听说过啊。

第15题，目前有关计算的最典型的出题技巧，不会很简单地加和减，中间肯定会有一个过程的。我们听到的是4：30，然后30minutes，最后get home at 9：00。

第16题，1914还是1940。你看看表格最后面的1920，你就知道了。怎么可能1920年展示出来给大家看，1940年才设计出来。肯定要在1920年之前啊。考场上人要灵泛（湖南方言，means smart）。

第18题，有学生写成yellow and black，多了and扣掉0.5分。

第20题，我有大写吗？我忘了。扣0.5分。

悟道：为什么我们的听力很受伤？有次是一楼的师傅在割草，机器吵死人了，这回连老天爷也来凑热闹，电闪雷鸣，风雨大作。如果没有这些人为的因素，6月8日的那天下午，风和日丽，空调吹出凉凉的风儿，还会出问题吗？除非停电！问题在哪里？反正我是知道我自己的——我可以感觉到此处肯定是有个陷阱，我会耐心地把整个事件听得差不多了再去选答案，我会跟着情节走，全部的细胞都集中于耳朵、笔和大脑。我还会从题目的设计中去猜测估计是个什么事情。我会将题目的why \ when \ who等疑问词画个圈圈，提醒自己一会儿要关注的是时间、是地点、是哪个人。我会将某些关键的信息速记在题目边上。平时我也会读读录音原文，既了解了原文，又相当于扩大了阅读。我会把听取信息中难写的单词在草稿纸上随手画上几笔记一记。

二、完型

我每次做完型的时候，都能在头脑中产生一幅图片。这次就是一只小狗了。调皮捣蛋，在家里窜来窜去，不喜欢洗澡（像我弟弟小时候，洗澡像杀猪一样）。

第23题，首先淘汰C、D两个选项，谁让它们两个加s结尾的。剩下的两个，你会把家里的东西称作equipment吗？当然是A啦。

第24题，想象加上up的暗示。从23开始就是一系列的动作，你想想看——ran over, jumped, swung and ＿＿ up. 就像你上完体育课一身汗，最后也是去洗个澡啊。

第25题，off的暗示，加上shook本身放在ABCD中，你耐心地一个个和off配一下，然后再想一想，小狗洗完澡一身的水，会做个什么动作？甩干身上的水啊。只要能想到"甩"这个词，两分就拿到了。shook—shake，摇晃。我不是开玩笑，我当时真的把自己扮演成一只小狗，每个选项在做决定之前，我都会问自己：如果我是一只小狗，我会干什么？

第27题，认得字吗？deliberately故意地。我每个模块给大家大概收集100个单词，越往后面的模块收集越发现完型语法喜欢出现的难词都在6模块以后。好多我都看到了，如上次的desperately、insert等。

第28题，常识加pull的暗示。pull这个动作要完成，是需要一定的力量的，凭lips能完成吗？你不要老想着牙齿就是咬得人头破血流的，还可以"叼着"，《动物世界》里这样的镜头还少啊。

第29题，sleep人人有，但是dream呢？不会吧。所以不要把一些很普遍的生活常识无端地缩小或扩大。

第30题，我错了。我承认，我根本看都没看到boss，一看见host，我就下手了。boss我们对它的理解太片面了，我们选它的理由就是此词含有"give an order"的意义，而host仅仅是主与宾的对比。林老师的感觉更是好：如果就直接选host，那么这道题出得太不刺激了，没什么挑战性，所以她很干脆地选了D。这就是英语的完型，哈哈。不讲道理吧，你看看我们英语老师一个个也是没什么原则性的，潜移默化吧。

悟道：大家回头再看看10个完型的选项。有几个是直白地考某个纯粹的语法概念？哪个不是和语境相结合去考虑？哪个是用到了最佳答案的原则？哪个选项中的单词你还不认识（完型不允许出现模块外的单词啊）？好好想想，有办法突破自我吗？想明白了，再做题就醍醐灌顶、茅塞顿开了。否则又是白忙一场。完型题可是上120分或130分的关键之一啊。

三、语法填空

整体来说，语法出得比较偏，听我慢慢说来。

（1）固定搭配考得太多，如either...or、be ashamed of、for fear that, 甚至包括included。这会造成一个"不公平"——记住了就填得出来，没记住就傻眼了。这在高考中是要避免的。高考应该是大家在同一个背景下的比赛。当然，记不住是你自己的错。但是，这样的识记题目不应该有这么高的比例，给一个或两个就够了。

（2）第31题的关键还是先找到主语和谓语。We do not allow our children to have the same right.什么身份的人才会说our children？？什么词能放在句首，而且后面接的是一个人的身份和角色parents and teachers,答案就是将所有的蛛丝马迹串联在一起而推出来的。

（3）我估计有人到现在还不知道approval是什么意思，也不知道approve是什么意思。查查字典吧，考完都好几天了。再看看survive(v.)—_____(n.), arrive(v.)—_____(n.)。

（4）第36题考了最简单的一个时态，请看后半句。

（5）第39题考了个最简单的定语从句，前面的midterm是时间，在后面做时间状语。

（6）第38题不会还是有人填the吧？你填the，是特指，前无古人后无来者，定谁啊？

悟道：语法填空暴露的是你的基本功，你讨厌它也好喜欢它也好，你不能始乱终弃，必须常抓不懈。你的重点应放在：分析句子结构（回忆我们的

179

广二模，结构啊）、派生词、动词（谓语非谓语，时态，语态）、从句（尤其是定语从句），还有那一堆讨厌的小词儿（unless, as if, when, for, until, before, after, since等）。

我们的派生词，有些是考到的：similarity，necessity，popularity，approval，description，warmth等。

四、阅读

我自己的阅读好像最近几次考试还不错啊。广东高考3篇阅读一般有独特的安排顺序。

A篇一般来说给大家安排的是生活小哲学、小哲理故事，有点心灵鸡汤的感觉。在高考的考场上，如果你的速度和能力有限，请记住：把握住第一篇阅读和信息匹配，这20分要全部捞到，记住啊。因为这两个题相对来说简单很多。但是，凡事有万一，具体如何我不好说死。此篇文章抓住3根线：

（1）the boy.

（2）parents' attitude.

（3）the meaning of the story——catch every chance to show your love to your lover, your friends, your parents and so on.

B篇在设计上多半是一篇紧密联系人们政治、生活等方面的时文阅读——好新的一篇文章。如果你经常看新闻，那么你就已经抢先一步比别人早形成对此篇文章的理解和大概要说的内容的心理准备。这一点是非常重要的啊，俗话说出门混个脸熟。你见过的the same topic，从心理上就会让你感到有confidence。

我做题的顺序：

（1）Read the first sentence, know the main idea.

（2）Go through five questions.

从5个题目的设计中我能看出我在读文章的时候要带着哪几个问题去思考，如此项规则出台的对象是什么？大概内容是什么？什么时候生效？有违反的人有罚款措施吗？等等。再去读文章，就有重点和方向了。

第49题，为什么选D？此题是典型的错位法。D句的前半句是非常完美的，但是后面的时间不对啊——before the flight arrival,好像应该是after 吧。

所以说：You can't be too careful.你越小心越好。

第50题，A是乘客，D是乘务，C是飞机场，B是航空公司。你说哪个是最佳答案（涉及的面广一些）？

C篇绝对是科普啊。老方法，先搞定the first sentence。你会发现科学家们又有新发现了。那么是哪两个事情之间的关系被发现呢？马上圈出核心词汇——smoking, alcoholic抽烟喝酒。然后慢慢看来。一般来说，科普文的惯用伎俩就是第一段先告诉大家有个什么发现，然后具体说什么时候、什么机构、选了多少人分成几个组进行试验。接着说试验怎么做的，具体如何操作。中间要穿插其他一些"蠢人"的反对或疑惑的声音。然后专家出来辩驳啊，解释啊。最后，留下一个争论、猜测、讨论，或者盖棺定论了。我说得没错吧。这就是传说中的"了解文章的框架和结构"。

第52题～53题，两题来自the third paragraph: Indeed, research shows that improved mental functioning is one of the immediate effects of nicotine exposure. Chronic smoking, however, is known to have opposite effect. 抓住一对词——immediate effects 和opposite effect。53题中的temporarily认识吗?查查词典，不能马上告诉你。

第54题，来自全文the last sentence: Thus, though smoking did not account for all of the decreased mental functioning observed among the alcohol abusers, it did seem to account for some of the effects, the report indicates.你再仔细读读我画线的部分，为什么作者用了all of和some of这一对词啊？什么是暗示啊？从表面推出里面，从已知推出未知。但是你的未知不是胡猜乱想，是有根据的。这里的暗示就是说明还有别的事实能来解释啊。可能有人又会说了——老师，我就是不认识account for。哎，真是这样的话，这孩子，也够实诚的啦。

再看看A：很多喝酒的人遭受抽烟的痛苦。好像文章里是有个87%。但是它说的是有这么多的酒鬼同时也抽烟啊，完全两个概念。

B：放弃抽烟对于喝酒的人来说是有挑战的——有这么说吗？

C：不抽烟的酒鬼智商更高——能推出这个发现真的能得诺贝尔奖了。

记住：说话太绝对，选项没有任何条件、没有任何限制的都要小心，不要惹祸上身。

在阅读题目中充分体现3500的词汇量。请大家看第43题的题目以及选项中有出现以下单词：annoying, aggressive, impatient, thrilling——全部都是3 500的词汇中的。过去的传统，大家习惯关注2 000的词汇。但是模块中的新单词，很多老师和同学都不重视，这样很不好。下面大家数一数，3篇阅读从41到55题，光题目和选项中就有多少单词是你不认识的？比如，mourn, cautious, appreciate, security, intend, guarantee, passport, nationality, expiration, arrest, false, regulation, border, accurate, aircrew, abuse, be to blame, opposite, side effect, temporarily, significantly, are addicted to，等等，这些全是我刚才顺手从15个选项中摘抄的单词。这些单词我的印象很深刻，因为全都是我给大家用手抄写的默写单词的试卷中能够找到的。请大家记住，现在我们强调记住3 500的词汇，并非说3 500都是你能在语法填空或作文中找到的，而是广泛地分布在每一个题型中。最新的广东省内消息是要大量地出现在阅读的题干中。

五、匹配：简单

小结： 我个人觉得这次的阅读是比较简单的。

六、写作

大家真的不要太自信、浮躁。静下心来，好好把我印的范文读了、背了、抄了、仿写了。深圳市里70%的学校每周抄写一次范文。所以，我们也要写。当年，我的妈妈为了改变我毛糙的毛病，是逼着我一个暑假练习绣花的。不然哪有我今天如此好的脾气和心态？大家在最后的20多天，千万不能自我放松，不要抱着一种无所谓的态度，更不要大事做不来，小事不想做。请从手头的事情开始。我当年写过的一篇作文题目是：一屋不扫，何以扫天下？我要说的是：单词都不记，范文都不抄，何以学好英语？不要晚节不保，遗恨终生。

基础写作：平均分7.72，看了我写的，和市里面给的范文，哪个更好？我的直觉是：今年的基础写作应该是一篇非常实在的实用文体。这次也很看重信息的组合，因为每个班级新闻中都有好几个点要汇报。比如篮球比赛，在整体描述的前提下包含个人的信息。

暴露的问题：

（1）时态乱用，不需要用过去完成时。

（2）基础写作写得和大作文一样长，让阅卷老师很想打人。

（3）词性把握不当。如何说在场的人：＿＿＿＿＿＿＿＿＿＿＿＿＿＿

（4）固定表达：昨天下午＿＿＿＿＿＿＿＿＿＿＿＿＿＿＿＿＿＿＿＿

　　　　　　　高三7班＿＿＿＿＿＿＿＿＿＿＿＿＿＿＿＿＿＿＿＿＿

（5）过去式、过去分词：hurt＿＿＿＿＿＿＿＿＿＿＿＿＿＿＿＿＿＿

　　　　　　　　　　　　beat＿＿＿＿＿＿＿＿＿＿＿＿＿＿＿＿＿＿

　　　　　　　　　　　　hold＿＿＿＿＿＿＿＿＿＿＿＿＿＿＿＿＿＿

　　　　　　　　　　　　injury＿＿＿＿＿＿＿＿＿＿＿＿＿＿＿＿＿

（6）量词：200件衣服＿＿＿＿＿＿＿＿＿＿＿＿＿＿＿＿＿＿＿＿＿＿

（7）近义词使用得模糊：donate/devote？

　　读写任务：我批的就是读写任务。平均分13.1，很低。命题人的概括部分完全按照高考要求，对全文进行概括，但是正文的120个词部分，有些变化，更加像是开放性写作，这点值得我们注意——今年高考有没有可能会给的任务更加模糊，给的限制更加少，让每个人都有话说、有情可表。以下是我的感触：

　　（1）字如其人。真的，字写得好，印象分就很高。不要让人给了一个15分后，又有点担心，然后回过头来再仔细读读，哦，恍然大悟——这篇作文其实写得还可以啊，怎么字这么难看呢。你想想有几个人会回头读你的文章？

　　（2）审题不对。很有一部分人抓住30年前的唐山地震不放，大肆在概括部分渲染具体信息。还有在后面阐述原因的时候，说是因为当年受过帮助，所以这次来回报。这固然是个理由，但是绝对不是重要原因。有同学写得很有功利色彩，让人心里很不爽。好像13个农民很小气——我欠了你的情，我还给你好了。我们以后两清了。内容与主题不一致，字数虽然多，但是不得要领。

　　（3）对自己无端地指责。一动笔就是我有罪，我错了，我无耻。我从来不帮助人。我要改，我以后天天要在马路上帮助人——好假啊。空话，套话太多，没有自己的真情实感，无感染力。我们要的是心里话。

（4）有人写自己的亲身经历。没有让我们写，大可不必写啊——因为你没有很丰富的此方面的生活素材。

（5）不写标题。

（6）含金量的句子太少，写一堆，一筛选，看得上的好词汇几乎没有，全是小学三年级的水平。

下面是我在考场上摘抄的现场版，大家评判一下：

（1）The news tells that Songzhiyong and other 12 farmers from Tangshan, who have suffered the earthquake, didn't only donate money, but also join a rescue team to help people in the snowstorm stricken area in south China.（信息都谈到了，感觉稍稍有点太detail）

（2）To help in need is to love indeed（这个标题喜不喜欢？）

（3）怎么说一方有难八方支援——One person has trouble, people from different areas come to help.（这个版本如何？有没有一个固定的famous saying?）

（4）...admire their voluntary action out of sympathy and enthusiasm. Their actions should be approved of and encouraged.（有高级词汇）

（5）...convey their love, ...should be highly thought of.

（6）the light of the willing to help others filled my heart.（好短语和固定搭配）

（7）unselfishness 派生词，be proud of, take pride in

（8）No one can deny the fact that it is their warm heart and grateful mind that cheer us up and give out warmth during the cold, hard winter.

（9）It's my view that what they did should be advocated and encouraged. They should also be honored for doing this because they really set a good example for us.

（10）Nothing can equal to this behavior.

（11）go through...overcome...

（12）Most people feel hesitate and reluctant when somebody needs their help.

（13）As a famous saying goes, to give better than to receive.

（14）As an old proverb goes, every little contribution accounts, we should spare every endeavor to help those in need.（成语用的和范文出奇的相似）

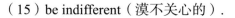

（15）be indifferent（漠不关心的）.

（16）Union is power.

（17）All for one, one for all（我为人人，人人为我）.

（18） They have built a monument in the field of love for others to admire.

（19）Where there is love, there is hope.

以上这些短语句子或词汇，来自大概10份试卷。你当时会觉得，整体上这10份试卷，从词汇量上、短语灵活自如地使用上，从读写意义我们反复强调的idea上，比我们要高一个档次，当然你看不到他们写的字，那叫一个美不胜收啊。哎，只有羡慕的份啊。估计是深中或外国语的，或者哪个学校的什么火箭班的。反正不是我的人。

再看看下面的呢：

— I should say I love you, all the people in China love you.（有没有想打人的感觉）

— I will become the 14th farmer in China.（想做中国第十四个农民）

— How man they are!

— I thought they were heroes because they left their home and families in the Spring Festival which is the most important festival in China to help people who were suffering from the southstorm stricken. I was proud of them because they have a highly quality that was warm-hearted. They also consider that they would try their best to help other people who were in trouble.（小样儿，以为写了几个定语从句就了不起了？有效用吗？ ）

From the news I learned that I must help others who was in trouble and I should have a warm hearted to everyone.

这段文章代表了大部分同学的水平：远看很热闹，占了半壁篇幅，也用了几个定语从句。可是仔细一看，写出什么名堂来了吗？我们把它一吸水，抽干，发现实质性的句子几乎一个都没有。请大家吸取经验教训，如果这样的文章在高考中的话，肯定被毙掉，淹没在芸芸众生之中，尸都找不到啊。无奈之下，我把我自己写的作文给别的老师看了。大家大呼水平高啊，一时争相传看，洛阳纸贵。（低调，低调）他们的评价是：

（1）给学生树立榜样，字要写小一点，占满2/3的格子。

（2）书写规范，不要涂改。

（3）语言精练，不啰唆。

（4）层次分明，条理清晰。

（5）有自己的观点，有idea。

（6）词汇高级，鹤立鸡群。

（7）紧扣任务，虽然此次任务有些重复。

（8）前后呼应点题。

（9）主论点和分论点突出，一目了然。每个大小论点都有中心句。框架合理。

（10）给老师树立榜样，这年头老师自己写作文的很少了。

（11）可惜是你自己写的，如果是你的学生写的，那龙岗的英语就有希望了，哈哈哈。

我内心窃笑，其实要感谢考雅思和SAT出国的几位同学。去年帮他们改作文的时候，我自己顺便也了解了一下雅思的写作，现学现卖的。呵呵。

一个小笑话：老师出作文题——说说对世界粮食短缺问题的个人观点。美国学生问——什么是粮食短缺（生活丰裕，不知人间疾苦），朝鲜学生问——什么是粮食（心酸，粮食短缺，物质匮乏的朝鲜半岛），中国学生问——什么是自己的观点（可悲。中国的学生太缺乏平台独立发展个性，没有自己的独立思考能力）。我们现在的读写任务恰恰印证了这个笑话映射的一个普遍的写作问题。也就是小方长期说的读写任务要有自己的idea。大家一定要记住：哪怕你对这个问题只有一到两点认识都是可以的，但是要观点鲜明，说到点子上。最关键的是：将之转换成标准、正确、清晰的英文句子——英语句子是靠一个个句型支撑的。

我们来改错：

（1）You will happiness.

（2）pround.

（3）reture.

（4）heros.

（5）There are many people in the world are likely to give a hand to others.

（6）As we all know that the Eve of the Spring Festival is the time for getting together.

（7）Faced with the snowstorm, many people gave a hand such as donate some money or foods, clothes.

（8）The 13 farmers why can move China?

省教研员给老师的问题：最后20天我们干什么？

（1）再记3 500单词。

（2）书写。

（3）降低作文中的错误，尤其是时态、句式、拼写错误。

（4）科普性文章的阅读，不要做细节题，要多做推理、归纳、暗示题。

（5）疯狂练听力。

结合阅读，提高写作

深圳市龙岗区龙城高级中学英语组　方静

普通高中英语课程标准明确地提出了语言技能包括听、说、读、写四个方面。其中听与读属于输入，说与写属于输出。这四项基本技能在英语学习的过程中是相辅相成、相互促进的关系。2004年以后，广东省的高中新课改让教师在教材的处理和安排上有了更多的主动权，在一个单元的教学中，可以把几个单元甚至整个模块的内容根据实际需要进行组合；也可以将听说读写融合在一起，让学生通过大量的综合性语言实践活动，形成综合的语言运用能力。尤其2007年后的广东省高考英语科试题的大幅度改革，取消了单选题，整套题突出了语篇，强调了阅读和写作，其中折射的新课程理念值得广大一线的英语教师反思：从认知和建构的角度，把阅读教学和写作教学结合起来，利用阅读教材训练学生的写作技巧，培养学生的写作能力，才能真正起到强强结合、事半功倍的效果。

一、利用阅读文章的题材和体裁

从题材和体裁方面看，高中英语教材中涉及的内容丰富多彩，给学生的写作提供了大量的蓝本。在高三一轮复习的过程中，教师可以根据题材和话题将8本教材进行二次整合。比如，将英雄曼德拉、"超级水稻之父"袁隆平、一代名医林巧稚等描写人物的文章收集在一起；将唐山地震、海啸等自然灾难的文章整合在一起供学生复习。以这样的方式，学生对某一个话题的句型、固定表达将会有一个整体的、系统地掌握。

二、利用阅读文章的篇章结构

2007年开始广东省高考英语科写作分成基础写作和读写任务两个部分。

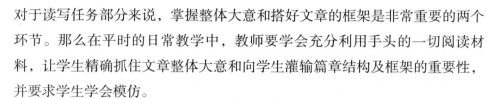

对于读写任务部分来说，掌握整体大意和搭好文章的框架是非常重要的两个环节。那么在平时的日常教学中，教师要学会充分利用手头的一切阅读材料，让学生精确抓住文章整体大意和向学生灌输篇章结构及框架的重要性，并要求学生学会模仿。

以人教版模块四Unit 1 "Women of achievements" 阅读教学为例，教师应要求学生在阅读的过程中找到文章的主题句，总结段落大意，把握作者的布局谋篇思路，再总结概括文章大意。

Para 1: What do you think of this woman?

What does she look like?

What does she often do?

Para 2: Her good qualities

Para 3: How do people think of her?

再比如通过人教版模块四Unit 5 "Theme Park" 阅读课的学习，学生自己总结了关于介绍主题公园的基本构思后，也可学会将之使用在一些风景名胜的介绍中：

The first part: Greetings and a brief introduction about the theme park.

The second part: Introduction to each part of the theme park, including where they are, how to get there, what to see there, any extra fee...

The last part: The admission fee and good wishes.

三、利用文章的好话题，进行任务型写作的训练

新课程标准要求高中学生在三年高中学习生活中，完成至少30万字的英语阅读量。仅仅依靠基本教材是远远不能完成如此大的任务量的，所以很多教师推荐学生收听一些英语广播节目以及征订各类适合中学生阅读的英语报纸杂志。合理科学地利用学生现有的阅读材料，将阅读和写作有机地结合起来是贯穿三年高中英语教学过程中不可忽视的重要环节。以2011年3月的一篇VOA (Voice of America) special news 为例，该篇听力文章介绍了美籍华人"虎妈"蔡美儿，她采取的与美国文化格格不入的教育孩子的方法在美国引起热烈讨论。这是一篇非常好的听力和阅读文章，我将之改编成一道广东省的读写任务。首先让学生阅读文章，30词左右写出概括，再完成两个写作任务：

（1）表达对文中人物及其行为的感受。

（2）结合自己或他人的事例阐述如何平衡父母与孩子之间的关系。

下面是学生的习作：

Let child's voice heard

Demanding excellence, Amy Chua educates her two daughters extremely strictly, who is called as "Tiger mother". And her behaviors arises a hot debate on differences between American education and Chinese education.

After reading the passage, I am deeply shocked by Amy Chua's behavior. She, in order to pursue excellence and perfect, educates them in an extremely strict way, such as making a list of "do" and "don't", punishing and even threatening. However, parents, in my opinion, can not impose their personal ideas on their children. A harmonious relationship between parents and children should be set up on the basis of understanding and respect each other.

When it comes to my family, my parents, who never regard themselves as "the boss" in the family, fully understand how to keep a balance of power. My parents see me as a unique and independent individual with talent and dream since I was a little kid. They always patiently listen to my ideas and encourage me to voice my own opinions rather than decide everything for me. They create such warm atmosphere for me that I can grow up healthily and happily.

In a word, no one can act as "a boss" or "a tiger" in a family, where every member plays an equal role. Openness and consideration as well as respect can probably narrow gap and misunderstanding between parents and children.

该话题与2011年广东省高考英语科基础写作不谋而合，学生走出考场后非常开心和激动，因为在高考的考场上能遇到曾经训练过或者很熟悉的话题是非常不容易的事情。

阅读和写作能力的培养在高中阶段非常重要，二者之间不能分离和各自为政，而是相辅相成、互相帮助的关系。没有一定的阅读作为输入，就不可能有自然流畅、功底扎实的写作输出。在新课改的大背景下，高中英语教师们要重视有机地将阅读和写作结合起来，将读与写贯穿在整个三年的日常教学中，让我们的学生即便走出高中课堂亦能受益终生。

教你用10句～12句话完成一篇读写任务

深圳市龙岗区龙城高级中学英语组　方静

先看一遍题目，知道让我们以什么为主题写作。要完成读写任务，我们就要学会：

一、如何写标题

主题就是我们要写的文章的标题。

Is time more valuable than money

On Smoking / How to make friends / Happiness / Is watching TV a good thing?

My view of money / time / pollution

My attitude toward building a car factory

二、如何写概括部分（2句话概括）

（1）两句话写概括。用总→分的形式，即第一句话是主题句，清楚明白地告诉了读者文章的写作目的（这句话举足轻重），后面的句子对主题句进行解释和支撑，主题之外的内容要毫不吝啬地予以删除，一般为27个～35个词。

（2）不能抄袭原文句子，要改写——肯定变否定，同义词替代，句型转换。

（3）用"第三人称"或"无人称"来概括，不能出现你的个人观点。

（4）阅读文章的第一段（总起段）和最后一段（总结段），或每一段的第一句或第二句（总起句）和最后一句（总结句），肯定是文章的大意，将之重组。

（5）概括的常用句式：

The story tells / emphasizes / focuses on the importance / necessities / advantages, disadvantages, reasons, ways, ideas...

The article mainly conveys the idea / discusses the problem / reasons / ways / ideas, importance / effect.../ focuses on the idea/ tells us the fact that...

This article points out / talks about / tells about the common phenomenon that...

具体举例：

—According to the passage, colors play an important role in our life. They reflect our personality and emotions and different colors have different influences on human beings.

—According to a report, many kinds of animals have died out and more and more wild animals are rapidly disappearing from the globe due to human activities, pollution and changes in climate.

—When a professor changed his condition each time in asking his students to cut a tree, their choice changed each time, too. He finally points out that their choice should be based on their aim or purpose.

—According to a survey, some elementary and secondary school students in Shanghai hope to start their own business in the future while some others, especially high school students, prefer to take an ordinary job.

—At first Mike didn't adjust himself well to the college life because of the lack of basic life skills and homesick. However, he got himself active in things and gradually enjoyed his new life.

—Mike said it was tough to accomplish the general adjustment but he began to enjoy himself after that due to various activities. He advised freshmen to be active in order to make new friends.

三、过渡句的表达（第三句）

写完概括部分，进入完成任务的环节，建议在概括和第一个任务之间写一个过渡句。

如果材料是记叙文，可以用I also have a similar experience。

如果材料是议论文，可以用I agree / disagree with the author. In my opinion...

四、任务的表达

接着，就要表明自己的看法了。

有几个任务就分成几个自然段来写，将每个任务翻译成中文，作为该自然段的中心句。

任务1：（第4句～6句）

现将要完成的任务的中文提示翻译成英文，作为该段的topic sentence，后面马上跟进2个～3个句子具体阐述。在表述自己观点的时候必须要开门见山，言简意赅。然后有条理地论证或举例子说明。

任务2：（第7句～9句）

方法同任务1。如果任务1和2之间是转折、递进、并列等关系，记得用一个过渡句进行任务和任务之间的衔接。例如，However, I don't believe so. / On the other hand, people think it has its own disadvantages, such as.../ When talking about my own opinion, I strongly believe that...

任务3：（第10句～11句）如果没有任务3，直接进入文章的结尾部分。

如果有任务3，方法如同任务1和任务2。

注意：3个任务分成3个自然段，但是任务与任务之间有主次，没有必要每个任务完成得一样。也就是说，你可以选其中一个你会说的任务多写一句，你不知道怎么回答的任务蜻蜓点水一样稍稍涉及一下，一笔带过。但是千万不能不完成这个任务，否则阅卷老师会认为你3个任务只完成2个，每个任务3分，扣掉你3～4分。

五、文章的结尾（第12句～13句）

点题，前后呼应，将自己的主要观点或态度再重复一次。

多使用倒装句、感叹句等具有强烈情感的句型。

——Family offers me warmth and care. Friends give me strength and horizons. Therefore, both of them are most influential in my growth.

——So let's be honest in our life and I am sure it will bring miracles!

—Now what I should do is to study hard to make sure I can enter a famous medicine university, where I can get the required knowledge and skills to be a good doctor.

—In a word, what I am tomorrow depends on what I choose today. Only with a clear aim in mind ,will I cherish my life in school and try my best to reach my destination without any hesitation.

—So we can see that good communication is the key to success.

—My story and Hellen Keller's make me believe one's efforts will be rewarded in success if he is greatly determined and persistent in achieving his goal.

2009年读写任务题目

Jackie is perhaps the most easily annoyed koala(考拉)at the Featherdale Wildlife Park in southern Australia. All the koalas there are unhappy and complaining. You would be too if you were used to night activities and someone kept walking you up all day while you were trying to sleep it off. That's right-sleep it off. The average koala is always half asleep because it feeds on the leaves of a special kind that makes it sleepy.

The reason Jackie and her fellow koala are repeatedly awoken from their deep sleep is so they can be hugged or photographed by tourists, who make the trips to Featherdale and an increasing number of other national parks for just that special experience. Whatever department in the Aussie government in charge of such things is now moving to make practice illegal, which is understandable. How would you react, my friend, if you were trying to sleep off in dozen times and some round, furry creature smelling of grass kept you walking?

【写作内容】

（1）以约30个词概括这段短文的内容。

（2）然后以约120个词就"该不该禁止旅客和动物拍照"进行议论，内容包括：

① 人们在参观动物时为什么喜欢和动物拍照。

② 假如你处在动物的处境，你会有什么反应。

③ 你认为是否应该禁止游客和动物拍照。

【写作要求】

（1）在作文中可以使用自己的亲身经历或虚构的故事，也可以参照阅读材料的内容，但不能直接引用文中的内容。

（2）作文中不能出现真实的姓名和学校的名称。

【评分标准】

概括准确，语言规范，内容合适，篇章连贯。

Should tourists take photos with animals?

Koalas in wildlife parks can't fall asleep because tourists keep disturbing them. The government is thinking to make the tourists' behavior illegal to protect the animals.

When people are visiting wildlife parks, they like to take photographs with animals. Reasons for this are varied. Some contrast with taking photos with animals are funny in contrast with taking photos with other persons. Others may think that it will be interesting experience to take photos with animals during their visit.

If I were an animal in the wildlife park, I would feel annoyed when people keep photographing with me. My life would be greatly influenced and I won't feel happy at all! I think I should have some private space and time to relax myself.

However, I don't agree if it is announced illegal to take photos with animals. Tourists pay for tickets to visit the wildlife park and it will be a pity for them if they can't have a photo with an animal. Perhaps wildlife park can set some special time, during this time, tourists can take photos with animals. It can both satisfy tourists and protect the animals.

2. 2008年读写任务题目

阅读下面的短文，然后按照要求写一篇150词左右的英语短文。

Hi, I am Mike. I just went through my first year of college. The toughest part on me at first was the general adjustment. I went to a very small high school where my mom was a teacher and she did practically everything for me. But at the college I needed to know some basic life skills, such as balancing a check—book, laundry and the things you have to be able to handle that I never thought of in the high school! It was really tough for me at first and I got badly homesick.

Once that first semester was over and I got used to the college life, I loved it—good facilities, helpful instructors and a good library. The Students Union organizes various parties every week. I also go to cinemas and concerts, and often spend Saturday nights in pubs and clubs.

One thing I think is important is to get yourself active in things. I was on the dance team in college and met a ton of people that way...it was so much easier to make friends when you had a common ground.

【写作内容】

学校最近组织了一次中美学生交流活动，你参加其中的"大学校园生活"讨论。听完Mike的发言之后，你准备写一份发言稿，题目是"Preparing Myself for College Life"，内容要点包括：

（1）以约30个词概括Mike的发言要点；

（2）然后以约120个词谈谈你理想的大学生活，内容包括：

① 对中学生活的感受；

② 理想的大学生活；

③ 中学生活和大学生活的差别，以及你打算如何适应。

【写作要求】

（1）在作文中可以使用自己亲身的经历或虚构的故事，也可以参照阅读材料的内容但不得直接引用原文中的句子；

（2）作文中不能出现真实姓名和学校名称。

【评分标准】

概括准确，语言规范，内容合适，篇章连贯。

At first Mike didn't adjust himself well to the college life because of the lack of basic life skills and homesick. However, he got himself active in things and gradually enjoyed his new life.

It is obvious that high school life is quite different from college life. We generally study the basic knowledge and seldom work out a project by ourselves. Additionally, most of us live with our parents and we aren't independent enough to live alone. High school life is simpler than college life.

However, college life is more challenges. Students not only studying their own majors but also learn how to realize their dreams. They meet more new friends and gradually go into the real society.

I enjoy my high school life a lot, which provides me with lots of useful skills and valuable experience. But I discover that I still lack some important life skills, which requires me to improve myself. In order to adjust myself to the coming college life, I decide to gain more knowledge about the society and life skills. I will try my best to become an independent and mature college student.

All in all, I am looking forward to the new college life. I will prepare myself well and make improvement bit by bit.

读范文，学写作

（1）中文没有句型的概念，但是英语非常强调句型。故，大家在写作的时候，无论你想表达怎样的思绪，请先问一下自己——我想借助英文中的哪个句型来传达？比如，我想说："政府应该重视的是给市民一个好的生活环境而不仅仅是不断增长的经济。"这个句子，英语中有一个非常经典的句型——what...is ...那么，What our government should (is expected to) focus on is offering its citizens a good living environment instead of increasing economy. 如果你将这个句子写在试卷上，阅卷老师就会知道这个学生会使用主语从句，还会好多高级的短语和词汇。那么他一激动，就冲着这句话，也会多给你3分的。

形式主语：it is reported that...it is really nice that...

强调句： It is the polluted river that made the citizens living along it annoyed.

定语（尤其是非限制性）从句：The writer doesn't support the idea, which he believes, is against the rule of nature.

等等。平时注意收集和摘抄。

（2）学会用一个短语去代替一个简单低级的单词。比如我想表达："我决心跟随老师的建议，学会在生活中有耐心。"——不要老是用decide 、改!

I have made a decision to follow my teachers' advice and to learn how to be patient.

平时注意收集：

越来越多：more and more 改为an increasing number of

我很开心：I am very happy 改为I feel extremely pleased / satisfied with

你应该：you should 改为 you are expected to / you are supposed to

你能：you can 改为you have the ability to...

（3）注意多用一些高级的结构，如非谓语、with结构、带有情感的好副词、好形容词。

例如，刚才的句子I have made a decision to follow my teachers' advice and to learn how to be patient.我可以再改写——I have made a decision to follow my teachers' advice, learning how to be patient.再如，With the development of modern society, the number of people who own their private cars has been increased dramatically. 又如，我认为在河边建一家化工厂不对。I don't think it is good to build a chemical factory near the river. 我改：I strongly disagree with the suggestion that a new chemical factory should be built up near the river, which actually will pollute the water.（两个副词、一个that同位语从句，一个which引导的非限制性定语从句、一个被动语态、一个虚拟语气）

（4）所以，我们要将"句型""句子"放在基础、基本的位置。有了句型做铺垫，我们可以大步向前迈进，去征服段落，征服篇章。

双语报第一期：About sports

The passage mainly tells us that teenagers play sports for various reasons. And they have a common feeling that playing sports is quite fun.

As soon as classes end, most students in my school rush to the playground to do sports. However, not every student in my class has an active attitude toward sports. There are different reasons for this. Some don't think they have a gift for any sport. And some don't think they have time for sports.

I am not a good sport player, but I am active in all kinds of sports. I just want to keep fit and I enjoy doing sports. Above all, doing sports can make me strong and thus makes me have more energy to do other things. Also, doing sports is a good way for me to relax from the stress of study for a while and to have a clear mind.

双语报第二期：Should doctors be forbidden to smoke?

It is reported that many Chinese dentists smoke and that the government would like them to stop smoking and set a good example to the patients. If doctors gave up smoking, the nation's health would improve.

Different people have different opinions. Some people believe that smoking is legal for any adult and that it is a private affair. Some others argue that doctors should stop smoking because it does harm to both doctors and the patients.

As far as I'm concerned, I think doctors should be forbidden to smoke. Firstly, people should not get into bad habits that cause them harm. Secondly, people should not form a habit that harms others. Not only does a doctor who smokes harm his family and friends, but also he harms the health of his patients. Last but not least, if more and more people gave up smoking, the heath of our nation would become better.

第四章

教学感悟

一方净土地，一颗包容心

深圳市龙岗区龙城高级中学英语组　方静

有人说："三日不读书，面目可憎。"现在的我，不能一天不展卷阅读。我几乎是见书无所不看、无所不翻，看书成为我日常的习惯。事实上，读书可以说是人世间最不劳而获的事情。试想，古圣文人雅士，或以数年之功，或穷毕生之力，将他们所经验、观察、感觉、思索的事情，以生花妙笔著作成书，而读者只要花费数日的工夫，便可以把书中所表达的思想、感情、精神、经验、智慧完全地吸收，这不就是不劳而获的快乐吗？

读书虽然是一件赏心悦目的乐事，但是这世界上竟然也有无福读书的人。哪些人无福享受读书的乐趣呢？

（1）官高权大或者春风得意的人。

（2）富贵的人，因为只耽于吃喝玩乐，哪有闲情读书？

（3）美丽的女人、英俊的男人，徒以亮丽的外表吸引人，哪里需要内涵？所以也不必读书。

（4）声音很大的人，也不喜欢读书。

阅读，是人的终生技能。我本身是一个喜欢静静读点文字的人，故，能坐得住，几个小时可以不动，周末两天可以不到处乱跑。同时，我也喜欢将读到的好文字介绍给我的学生，并尽量地找到相应的英文版本印给学生做补充材料。哲人常说：读书会使一个人读得成功，也会使一个人读得失败；读书会使一个人读得有用，也会使一个人读得无用；读书会使一个人读得明理，也会使一个人读得糊涂；读书会使一个人读得谦虚，也会使一个人读得傲慢。我想，作为一位老师，教给学生的应该不仅仅是知识本身，而更多的是做人，是相伴终生的读书的快乐、学习的快乐。我也一直要求自己，用自己阅读的行为来影响我的学生，让他们知道为什么要阅读、读什么、怎么读。最终，能让我的学生在日后的人生道路上，在这个日益浮躁的社会里，保留属于自己的一方净土，选择一本好书，享受阅读带来的快乐和充实。

人的心，是高山、海洋所不能比的，所谓"心如虚空"，就是放下固执的己见，解除心中的框框，把心放空，让心柔软，这样我们才能包容万物、洞察世间，达到真正心中万有，有人有我、有事有物、有天有地、有是有非、有古有今，一切随心通达，运用自如。

第一次听说"容"，是我的小学语文老师教的一句——"有容乃大。""容"，能容就要够大，博众所长，百花齐放、百家争鸣才是"和谐"的彼岸。容的精神能够渗透到我们学习、生活、工作的方方面面。教育家苏霍姆林斯基说过："有时宽容引起的道德震动，比惩罚更强烈。"爱学生，就要对学生有一颗宽容之心。所以，在平凡的教育岗位一样能体会到大师的哲学。老师应该能容忍学生的错误，容忍学生的倦怠，容忍学生的不完美。因为，学生首先是一个人，是一个正在发展中的人。苏霍姆林斯基说："教师的职业意味着他放弃了个体喜怒哀乐的权利，应使自己胸怀宽广。"乌申斯基也说过："在教学工作中，一切都应以教师的人格为依据。因为教育的力量只能从人格的活的源泉中产生出来，任何规章制度、任何人为的机关，无论设想得如何巧妙，都不能代替教育事业中教师人格的作用。"我们很多的老师，对学生的要求太高——上课回答问题要力求完美，考试不允许失误，要尊敬老师，要孝敬父母，要遵规遵矩，要人见人爱，写出来的作文要深刻，要有立意，文字要犀利，算出的数学题要步骤规范，逻辑缜密，精确到位……但是，我们不要忘记了：学生正是一个需要我们教师去改造、去完善的个体；学校是允许学生犯错误的地方，相信学生有一个自我学习、自我发展的过程，允许学生有错误的表现，以宽容的心态去面对。宽容是一种手段，能够为我们的教育教学带来新的理念，促进人与人之间和谐发展，共同进步；宽容是一种精神，让学生感受到爱的力量，让学生在教师的关爱和呵护中成长；宽容是一种美德，教师给学生多一点宽容，学生自己就会多一点自尊、多一点自省、多一点安慰，这样更能促进学生身心的健康成长。

教学即教人——教学生做一个真正的人、纯粹的人、高尚的人、有思想的人、有内涵的人。我想，只要我们每个老师心中有爱，心中有"人"——将学生当作一个个成长中的人，我们一定能将自己和我们的学生带入大师描绘的天堂：

> 心中无事就是天堂的花香；
> 赞叹妙语就是天堂的音乐；
> 尊重包容就是天堂的光明；
> 少瞋少贪就是天堂的现前。

守护这一方净土

深圳市龙岗区龙城高级中学英语组　方静

大家好：我是来自龙城高级中学的英语老师，方静。今天我发言的题目是：守护一方净（静）土。

前几天，我总结个人业绩，几个阶段在脑海中渐渐连成一条线：优秀个人——骨干——专家——名师工作室。这条线汇成三个关键词：情怀、格局、引领。

第一，情怀不一样了，从龙高火箭班的203教室延伸出去。我给华附新生做学法指导，给布高学生做专项讲座，给平外青年老师布置暑假作业；和新城学校、平安里学校的英语老师一起开科组会。

第二，格局提高了。我逐渐懂得用集体的智慧，打造一个以龙高英语组为平台的学术共同体。所以我们是深圳市青年文明号、深圳市特色科组，我们有名师工作室，开发了校本课程。

第三，高考依旧在引领。这是必需的，因为我来自龙岗教育的高地——龙高。龙高教育集团更是深圳教育东进的主战场。

讲到此，似乎有点高处不胜寒，但是我依旧乐此不疲。我每天做的是我喜欢的。因为这是我的职业、事业，终将是我的使命。

为此，我每天努力做好三件事：

1. 我教好书，上好每一堂课

我有责任将我的课堂简化、高效、有人文色彩。2011年我曾帮助温同学从31分拿到高考129，成功逆袭考入大学，现在南加州读博士。从此届届学生说"学英语，信小方"！我在高三公派出国40天，学生自学，高考成绩依旧爆表。最温馨的是孩子们上了大学每次在四级、六级英语考试的前夜，还在微信圈里刷一句"我想静静"。

2. 我努力参与到孩子们的成长中

15岁～18岁的孩子还在精神断奶期。怎么参与？我学会信手给孩子们写点片段。上周2007年毕业的何同学生了二娃来送红鸡蛋，也带来了她保存了十年的我手写的一封信，超感动！昨天晚上得知孩子们横扫区统考理科英语前15名，我习惯提笔写了一段祝贺，然后一起策划度过史上最长的暑假。写着写着，解决了困惑；写着写着，前后有6个科代表也做了英语老师；写着写着，心越来越平静。我手写我心。我知道我在写什么——交流，参与，陪伴，守护。

3. 我读书

教育家朱永新先生说过：一个人的阅读史就是他的精神发育史。所以，我读肖川、读雷夫、读大夏书系，每周一次整理《中国教育报》。读书能修己以安人。读着读着，我读懂了根本、情怀、使命。我懂得无论未来怎样，我就在这里，因为孩子们在这里；因为我的根在这方净土；因为人如其名，我就叫方静啊。命中注定的缘分啊，我这一生都用来守护：守护教育，守护学生，守护信仰。

写着，读着，我在龙高走过了自己的30岁～42岁，33岁评上高级；40岁前拿到名师、专家。孩子们称呼我从小方变成了静姐。我问自己：我接下来做什么？依旧是三个词：情怀、格局、引领。依旧是三件事：教书、写片段、读书。

最后，我想说：教育实苦，但请你足够相信。我一直相信，您呢？谢谢大家。

守 护

深圳市龙岗区龙城高级中学英语组　方静

大家好，我是方静，来自龙高。9年前，我33岁，就以深圳市排名第一评到了高级职称。我有点迷茫，接下来干什么呢？我和妈妈聊天，她说："年轻哦，正是干活的好时候。继续把书教好。"我醍醐灌顶。是啊，我要继续教好书，守护这一方净土。今天，我的主题就是守护。

一、守护——用心坚守讲台

世界很浮华，所有最后沉淀下来的人，都守住了自己的心。我的初心就是讲台。评上高级后，我在高三坚守了7年，工作量简直爆表：文理两个火箭班的英语教学、科组长、教研组长。我清零自己，重新定位——守护讲台的同时我要从经验型转为研究型教师。我依旧上公开课、示范课，举办开放周，不是比赛评奖，而是探讨、打磨更高效的课堂。我坚持读书。读英语教学法、读肖川、读大夏书系、读《中国教育报》，因为阅读可以修己以安人。我做行动研究。研究是心灵的修复和提升。2009年整合多个版本教材，编成校本课程；2011年将英语报刊阅读纳入龙高课程体系。守住了心，带来了突破。8个区状元；龙高第一个本土生源的清华、北大学子，第一个重点率100%的班级。2011年的我是深圳市中青年骨干教师、2014年是深圳市第四批名师、龙岗区第三批专家，2015年是深圳市高中英语兼职教研员、南粤优秀教师，成立名师工作室。同时，龙高英语科组被评为深圳青年文明号、深圳市特色课组。我想，我守住了。校长说："方！你是全校教师的标杆。"徒弟们说："师傅，和你在一起真充实，学到了好多。"孩子们的话最直白："小方的课轻松、高效，还能得高分。"

二、守护——用爱陪伴孩子们

高中的孩子还处在精神断奶期。他们相信自己看到的成人世界，不是听到的道德世界。我一直认为，教师出现的地方就是教育发生的地方。多做些与分数无关的事情才是爱和教育的良知。小索约我操场散步，有心事要分享；飘雪恳请我给妈妈发条信息，缓解母女关系；浩然网购了一套动漫服装，想藏在我的办公室里。好的，我一件件做好。嘉禾本是年级顶级高手，却高考失利。我全程陪他填志愿，最终录入中国农业大学。大一下学期，我出差北京，顺道看望嘉禾。他抓着我的手冲进教室大声说"这就是我天天说的小方啊"。他说"你陪我一程，我记你一生"。有这十个字，足矣。旭东老师说我和孩子们之间充满了烟火气息。我喜欢这种尊重生命的陪伴。林郑月娥女士不也说"陪伴是最好的教育"吗？

三、度己达人是更深层次的守护

"独乐乐不如众乐乐"，今年上半年，我的工作室编写校本课程，免费印发3 000多册给全校师生。近几年，我先后在华附、布高、甘李、新城、平安里交流。我和团队一年跑了六次平湖外国语，从高三前的准备，到深一模、二模，一路陪伴。科组长珊珊上周发来一条微信："我们考得很好啊。谢谢你们把压箱底的资源都给了我们。"我想，度己达人，回馈大家是更长情、深层次的守护吧。

2005年的7月5日，329路公交车载着我停在龙城广场。暴雨后的深圳蓝震撼了我——真美！一晃12年过去了，我今年42岁，孩子们的称呼也从小方变成静姐。朱清时校长说：一个社会要有希望，一定要有净土，这方净土就是学校。我叫方静，命中注定，我的使命就在这方净土：守护、陪伴、引领、回馈。我期待大家的见证。谢谢。

静心同行

——市里决赛演讲稿

深圳市龙岗区龙城高级中学英语组　方静

尊敬的各位朋友：

大家好！

有人说，生命，就像一场旅行，而我说，教育，也像一场旅行，我与孩子们一路同行，风雨同舟。我叫方静，十年前参评深圳市优秀教师，我用四个静的谐音概括自己：捧着一颗干干净净的心，用智慧和巧劲，安安静静地教书，尽心尽力地育人。今天，我和大家分享的主题就是：静心同行。

一、用干干净净的心，与孩子们同行

我喜欢和孩子们在一起。索菲亚有成长的烦恼，我约她操场散步谈心；飘雪和妈妈关系紧张，我出面缓解。嘉禾本是年级顶级高手，却高考失利。我全程陪他填志愿，最终录入中国农业大学。一次，我出差北京，顺道看望嘉禾。他抓着我的手冲进教室，大声和他的同学说"这就是我天天念着的小方啊"。他说"你陪我一程，我记你一生"。"你陪我一程，我记你一生"这十个字告诉我，和孩子们在一起，永远要有一颗干净纯粹的心。

二、安安静静教书，与讲台同行

世界很浮华，最后沉淀下来的人，都守住了自己的心。我的初心就在讲台。评上高级后，我在高三坚守了7年，文理两个火箭班的教学、科组长、教研组长。我继续上公开课，不为比赛，只为打磨更高效的课堂；我坚持读书，因为书可以治愚。22年教书，17个笔记本，一路同行，从未放弃。守住了心，带来了突破。8个区状元，龙高第一批清华、北大学子，第一个重点率100%的班级都有我的参与。安安静静地，我守住了讲台。

三、用智慧，用巧劲，与课程改革同行

2008年至今，我开创"悦读悦写"模式；带领同事们开展英语报刊阅读、英语新闻点评，外语艺术节，十年打磨，成就深圳市特色科组。孩子们在课程引领下，能读会写，自信飞扬。2014年，杨浩明参加港中大深圳英语面试，脱颖而出，成为该校首届学子；2016年，黄钟缘和陈柔依获得广东省模拟联合国大会杰出代表称号。我深深感悟，好老师，要用智慧和巧劲创新、开发。同时，我告诉孩子们，学英语，不是为了应试，不能做只会说英语的空心人；而是要有国际视野、中国情怀——Global view with China in heart。

四、尽心尽力，与大家同行

我在华师附中交流，彩宾校长说：我们是新学校，方静啊，感谢你的支持。我一年跑了六次平湖外国语，科组长姗姗说：我们科组平均年龄不到35岁，多亏你的经验分享。在海丰县彭湃中学，廖老师说：静姐，你的高三第一节课太给力了。就这样，我尽心尽力，带动一批学校，服务一个区域。

十年过去，我初心未改，今天，依旧用这四个字，和大家分享——捧着一颗干干净净的心，用智慧和巧劲，安安静静地教书，尽心尽力地育人。我是方静。谢谢大家。

同源同根，熟悉又陌生

——香港中学教育素描

深圳市龙岗区龙城高级中学英语组　方静

一、香港教师资历高

香港经济发达，高素质人群居多；香港政府对教师学历与专业提升要求很高。在王华湘学校的办学相关文件中，有一项是关于该校教师资历的：本校教师资历深厚、学历高、魄力强、有创意，擅长运用多媒体、全方位的教学法，成效卓著，深受同学爱戴。各高考及会考班的老师经验丰富，成绩美满，堪称名师。我们在与老师们的交流中得知王华湘中学的教师中教育学士、教育硕士占到了一半以上的比例。而且由于王华湘中学是一所中英文学校，所以几乎所有的老师都能够用中英文双语教学。虽然本身学历很高了，但是老师们还要挤出时间开展教研活动，利用课余时间参与学历进修，自觉提升自身素质。

二、香港教师教学任务重

王华湘中学教师的工作量比我们内地的老师要多得多，每周有28～30节课。听校长介绍说，之所以大家任务这么多是因为香港教师编制紧，每个教师需任教多个学科，即使是专科专教也会跨三到四个头，同时还兼有班主任、午餐值日、当值放学等职责。但是最难能可贵的是除了校长之外，大家都要上课。我们从教师工作安排表上举出几个例子：刘文山副校长：中国语文，中国语文及文化；张嘉宜老师：企业、会计与财务概论，通识教育；陈燕萍老师：中外历史，中国历史，通识教育。难怪香港的老师戏称他们有三多：一人多科（多学科）、一人多头（跨年级）、一人多课（30节/周），整天忙得像个陀螺。我特别留意观察老师们的工作状态，我发现工作虽然繁杂，但是脸上看不到倦意，大家平静地忙碌着，对待学生们耐心细致。匆匆走过总会微笑着向我们点点头，热情友好。

三、香港教师多敬业，严格遵守职业操守

中华民族向来尊师重教，无论内地还是香港，都以孔子为教师的先祖。孔子主张人的一生中要勤奋、刻苦，为事业而尽心尽责。他经常教导弟子"执事敬""事思敬""修己以敬"。这一点在王华湘中学老师的身上表现得淋漓尽致。

1. 狭小空间，敬业爱岗

除校长一人有一间独立的办公室之外，其余60多位老师挤在狭窄的一间办公室里一起办公，办公桌上各种资料和书籍堆成了一座座小山。整个办公区域忙而不乱，井然有序，大家各自备课、上网，鸦雀无声。请看下图：

老师井然有序的办公室

2. 全员育人，全方位育人

老师们利用每个空间为学生成长尽着最大的努力。教室里、走廊上、楼梯口，就连门上也是异彩纷呈：各种板报、英语单词、中文三字经、书法展示等都是老师们亲手布置、张贴的。设计很巧妙，充满人性关怀，努力满足学生发展需求。罗校长在短短的汇报中，"致力于""潜心""努力"等词语频繁出现，言语间能清晰地感受到他和老师们对教育的执着追求与快乐付出，能感觉到教师职业的荣誉感和责任感。

3. 严己律生，坚守职业守则

香港教师以学生为本，以全人教育为目标，追求卓越服务，具有良好的职业道德。他们工作自觉主动，尽职尽责，十分敬业。学校没有任何加班

与节假日津贴。王华湘中学的老师在周一到周五的日常教学之余，还要牺牲双休日甚至寒暑假的时间带领学生参加各类团队活动。近三年来，他们先后组织学生采风，了解香港本土民风民俗，师生一起动手组建"西贡风俗博物馆"；2008年暑假带领部分学生参观奥运会，2009年暑假参观世博会。更不用提及周末走入社区服务老人等小小社会实践活动。从他们的谈话中我们惊讶地得知，所有的这些活动都是没有任何报酬的。但是王华湘中学的老师严肃地告诉我们，这也是他们的教学工作之一。他们的敬业精神不由得让我们肃然起敬。更让我们感到震撼的是，香港教育局方面的专家詹教授在他的专长演讲中告诉我们，香港的高考试卷是由阅卷老师拎个袋子挤地铁带回家批改的！对比内地高考警车开道，荷枪实弹护航，阅卷老师封闭改卷，真是不可想象啊。同时，对香港的诚信社会、对香港教师的职业操守我们不得不深表敬意。正如香港理工大学博导李志林教授获国际摄影测量与遥感学会颁授Gino Cassinis奖的获奖感言说的那样：教师职业是辛苦的，也是神圣的！我们既然选择就要无比热爱，敬重自己从事的事业，想方设法"投心教育"，努力把书教好，把人育好，这是职业道德要求，更是职业使命使然！

总结：深港两地，一衣带水，同声同源。香港和龙岗两地教师，相互交流，携手并进。相信，在教育的蓝天下，我们会共同谱写一支美丽的歌曲。

香港教师职责

1. 依时回校工作及亲自签到、签退。

2. 依照校方所定之时间表授课。

3. 充足的备课。

4. 编写进度表。

5. 小心批改习作：包括功课簿、课业、练习、作业、工作纸、校内小测卷、考试卷、学科评估等。

6. 拟题：包括进展性评估、考试卷、工作纸、假期功课、小测卷、评估课业、评估练习等。

7. 按校方要求执行监考工作。

8. 准确记录学生平日成绩。

9. 分担校内一切日常或临时活动，或本职责表并未提及而与学校有关的工作，即使在假期中，若校方有需要，亦须返校工作。

10. 参加学校集会、礼仪、教师聚会、校务会议、科务会议、小组会议、SBM行政组别会议、集体备课等。

11. 协助课外活动及学科活动的筹划与推行。

12. 准时到指定地点值日并管理学生秩序。

13. 参加学校旅行、户外学习、教育营、亲子日活动等，并协助管理学生秩序。

14. 带队参加校外比赛、表演、颁奖礼、牙科检查等。

15. 按校方安排，轮流设计走廊墙报、礼堂戏台壁画、雨操场墙报、陈展板等。

16. 协助推行校内德育训练，如周会、清洁比赛、秩序比赛、学生个人成就卡等。

17. 推荐学生题名学科奖学金。

18. "问题"学生先由有关老师处理，如屡劝不改或遇严重事故，则可联络级主任协助处理。级主任如有需要，可交予负责训导工作教师联同处理。

19. 与班主任保持联络，合力管理该班秩序，帮助学业上、行为上有问题之学生。

20. 遇有学生问题，与家长保持联络。

21. 校内特殊活动，如家长会、家长研讨会、毕业礼、圣诞联欢会、家长教师会之活动等，按校方安排执行职务，使该活动顺利举行。

22. 参与教师进修课程及研讨会。

23. 有义务担任科主席、科组员、行政组别成员、校董教师咨议会代表、教师公会代表、教师联谊小组代表等。

24. 协助推行暑期活动。

25. 依校方安排完成暑期工作。

26. 当接获校方要求，执行代课任务。

27. 协助处理其他事务，如协助选购图书等。